人間にとって善とは何か　徳倫理学入門

フィリッパ・フット

Natural Goodness
Philippa Foot

高橋久一郎 監訳
河田健太郎・立花幸司・壁谷彰慶 訳

筑摩書房

First Edition was originally published in English in 2001.
Japanese translation is published by
arrangement with Oxford University Press.

装幀　水戸部 功

人間にとって善とは何か——徳倫理学入門　目次

この本の読み方について

最初から順番に、序論、第1章と読むのが普通の読み方かもしれないが、じつは第1章は本書のなかでもっとも専門家向けの論じ方がされている。つまり、二十世紀の倫理学について、それなりの知識が必要となる。「第2章から読みはじめてください」と言うことができればいいのだが、それも「ちょっとどうかな」というところがある。

そこで、本書の大きな筋を理解するためには、第1章の最初のパラグラフを読み、ちょっと飛ばして、小見出し「人間にとっての善」(三四頁)から、訳注(1)―(3)を横目で見ながら、読みつづけていただくのがよいと思う。その後は順次第6章まで、そして「あとがき」を読んでから第1章に戻ることになる。第7章はさらにその後でよい。

巻末の解説で、この本の前提となっている基本的な概念や立場を紹介しているが、ともあれ、まずは本文から読んでいただければ幸いである。

なお、本文中の〔 〕は訳者による補足を示す。また本文につけた小見出しは、読みやすさを考慮して訳者が補ったものである。

(高橋)

ワレン・クインの思い出に捧げる

じつに人間ほど驚くほどに空しく変わりやすく不安定なものはない。こうした人間についてたしかで一貫した判断を見いだすことは困難である。

モンテーニュ『エセー』第1巻第1章

道徳哲学は総じて平凡な私人の生活にも、もっと豊かな生活にも、まったく同じようにあてはまる。人間はだれでも人間の本性を全体として示している。

モンテーニュ『エセー』第3巻第2章

まえがき

本書の執筆には何年もかかってしまったが、そのあいだに多くの友人たちとの議論、とりわけ、オックスフォードとＵＣＬＡの同僚や友人たちとの議論から多くを学んだ。誰の議論であるかを特定することなく論じていても、故意の盗用というのではなく、ただ私の記憶の欠陥のせいだと思ってほしい。

私の議論がエリザベス・アンスコムの仕事に負うていることは明らかだろう。しかしまた、クリストファー・クープ、ピーター・コンラディ、そしてマイケル・トンプソンにとくに感謝したい。彼らは本書の初稿をすべて読んで有益なコメントをしてくれた。アンセルム・ミューラーもまた一部を読んで、大いに助けてくれた。さらにジョン・キャンベル、ロザリンド・ハーストハウス、そしてギャヴィン・ローレンスも何度も有益な討論をしてくれた。

最後に、執筆中、絶えず忍耐強く励ましつづけてくれたオックスフォード大学出版局のピーター・モムチロフと、編集と校正に携わってくれたアンジェラ・ブラックバーンにとりわけ謝意を示したい。

オックスフォードにて　二〇〇〇年五月　ＰＲＦ

序論

本書は何の本か？　道徳哲学の本である。本書で私は、正や不正、徳や悪徳といった、道徳判断についての伝統的な話題を論ずることになる。とはいえ、哲学の書であるから、論ずるのは道徳の話題のすべてではなく、そのうちのある特殊な種類の話題だけである。それらがどんな種類の話題であるかを特定するには、いくつか例を、そして、そうした例に感ずるもやもやした感じを述べるのがよいだろう。[*1] ウィトゲンシュタインは、こうしたどうしていいかわからないという思いについて、「やぶれた蜘蛛の巣を指で修理しなければならないといった感じだ」と述べている。[*2] さらに、本書を書いているあいだずっと念頭においていたウィトゲンシュタインの助言、哲学の論題一般について、そしてとりわけウィトゲンシュタインの哲学の論題についての助言に触れておこうと思う。ウィトゲンシュタインはオックスフォードでの公開の討論会に二度出席したが、そのうちの一回で次のような発言をした。相手が、議論の行きがかりから、明らかに馬鹿げたことを言わざるをえない状況になったが、言いかけて、馬鹿げていると気づき、（そうした状況ではそうしたくなるものだが）何かもっと気の利いたことを言おうとしたときだった。ウィトゲンシュタインは、「いや、君が言いたいことを言って、粗野に、そうすればぼくたちはうまく議論できる」と遮ったのだ。哲学をするには、馬鹿げていて粗野な、そして厄介な考えを払い除け整頓しようとするのではなく、公の場で十分に弁ずる機会をそれに与えるべきだという考え方は、非常に有益な考え方だと思う。もちろん、こうした考え方は、哲学においては、その問題にふさわしいだけ時間をかけてゆっくりと進むというのはとても困難だというウィトゲンシュタインの考え方とも調和している。

「なぜ正しくて善いことをすべきであるのか」といった問いは自然に生じる問いでありながら、理解するのが困難である。だから、日常的な道徳的判断をどのように理解するかについて、哲学に特有の困難があると誰もが考えているようだ。この問いはどこか誤っているように感じても、どう誤っているかを言うことができない。まさにこの問題について後に論ずることになるが、ここでは論点をさらに遡らなければならない。出発点が肝心だからだ。そこでたとえば、百年前にムーアがいまや古典となった『倫理学原理』でしたように、われわれも「快楽は善い」といった文において性質として述語づけられている「善さ」の特有性に注目して、[*3] そこから始めたくなる。しかし、そこを出発点とすることは、探求をはじめから歪めることになると思う。日常生活で誰かが「快楽は善い」と言ったりしたら、「どういう意味？」とわれわれは尋ねるだろう。法律家の言い方をすれば、この命題は、そのままでは、明確な内容を欠いているように思われるからだ。

ムーアは通常、あるものごと、たとえば、快楽や友情といったものごと「が善い」といった判断について、こうした判断は、たとえば、「Xは赤い」といった判断と同じような標準的な述語づけの形式であるかのように語っている。しかしながら、善さは特殊な種類の性質（非自然的性質）であるともムーアは考えている。そこで、この考え方、そしてこの考えから展開した理論についての通常の議論に入るに先だって、「Xは善い」という判断が標準的な述語づけであるという理解がはたして適切であるかを検討することはきわめて重要である。というのも、この「Xは善い」という言い方はほとんどふさわしい場面のない言い方であり、それをそのまま受け入れることは、評価を示す言葉の本当の論理形式を見てとることを困難にするからである。評価を示す言葉においては、その展型である「善い」は多くの場合、名詞を必要とする。つまり、評価を示す言葉においては、われわれが悪さではなく善さについて語ることができるかどうか、いや、善さとか悪さについてそもそも語ることができるかどうかを決定するにあたって本質的な役割を果たす名詞を必要とする。

ピーター・ギーチは「善さと邪悪さ」と題された、残念なことに注目されることのなかった論文において、この点を指摘している。ギーチは、「大きい」とか「小さい」といったたぐいの帰属的形容詞と、「赤い」といったたぐいの「叙述的」形容詞を区別し、「善い」は前者であると論じている[*4]。「赤い」といった色言葉は、それが修飾するものが何であるかとは独立であるが、特定のFが善いかどうかは、この「F」に何が入るかに依存するからである。小ネズミ（mouse）としては「大きい」がネズミ（rat）としては「小さい」ことがあるように、ある哲学の本は、哲学の本としては「悪い」本だが、睡眠導入剤としては「善い」本であることがある。こうしたギーチの区別からすると、道徳哲学にとって基礎的である善い行為についての考え方は、善い光景、善い食物、善い土、そして善い家などについての思考と同列のものとなる。

「善い」と「赤い」は論理的に異なっているというギーチの主張は、非常に重要であり、ウィトゲンシュタインが自らの後期哲学を特徴づけて語った言い方をすれば、言葉を「形而上学的な使用から日常の使用に戻す」という仕事の一翼を担っている。[*5] しかし、ギーチも同意してくれると思うが、道徳的な評価が属するカテゴリーを確定するには、その論理的な文法について、さらに区別しなければならない。評価にかんする論理的カテゴリーについては、評価するということをめぐる以下のふたつのあり方を対比することで説明しよう。ひとつは、たとえば、家を功利主義的な観点から評価することであり、もうひとつは、美的に評価することだ。前者については、その評価をする前に、「誰にとって」といった問いに答えておかねばならないが、後者については、この問いは場違いである。これらは、評価がなされる異なったカテゴリーであり、本書の目的は、人間の行為についての道徳的評価がなされるさらにもうひとつのカテゴリーを見いだすことである。

それゆえ、本書で私が試みるのは、こうしたタイプの評価のあり方を記述し、人間の行為についての道徳的評価はこの論理的タイプの評価に属することを示すことである。まず私は、とりあえず「生き物における自然的な善さと欠陥」とでも呼んでおきたい話題について論じようと思う。それは本書のタイトル〔Natural Goodness〕を説明することにもなる。しかし、ここでの「善さと欠陥」という連言による言い方はとりあえずのものでしかない。その意味は次第に明らかにされよう。この短い序論で述べたいのは、次のことだけだ。つまり、自然本性的な善さというとき、私が強調しておきたいのは、ここでの「自然的である」とは、ある性的な行為は「自然的である」が、他の行為はそうではないという仕方で多くの人が分けて考えるような意味でのことではない、ということだ。ここで私が考えているのは、それぞれの生き物（あるいは、その特徴や働き）の善さのことであるが、これらの善さについての評価は、私が思うに、必ずしも道徳哲学においては十分に区別されてはいない。もちろん、ある生き物が論理的に異なったさまざまな仕方で、たとえば、われわれにとっての有用性と危険性によって、あるいはまた、その美しさや醜さによって、評価されうるということは容易にわかることであり、そのことを忘れているわけではない。私の基本的な主張は、人間の行為と性向についての道徳的判断は、評価のあり方のまさにひとつの領域であり、このあり方は、その対象が生き物であるという事実によってじっさいに特徴づけられるということである。

これから詳しく論じていこう。

原注

＊1　私が記憶していて、あとからふりかえって哲学の問題だとわかった最初の問題は、「私があなただったら」という言い方を年長者がしたときに感じた問題である。そのとき、私は、「彼女が私だったら」違いはわからないのではないかと戸惑ったのだった〔刊行後のインタヴューでフットは、「私があなただったらAをする」と彼女が言うのに対して、私は「あなたが私だったらAをしない」という風に、「まったく逆の結論を出す」ことになるように思われた、と敷衍している〕。

＊2　L・ウィトゲンシュタイン『哲学探究』（「ウィトゲンシュタイン全集8」藤本隆志訳、大修館書店、一九七六年）第一〇六節〔「日常的なことから離れることなく、手持ちの手段では記述できそうにないようなきわめて微妙な論点を、道を失わないようにしながら、記述しなければならない」場合である〕。

＊3　G・E・ムア『倫理学原理』（泉谷周三郎ほか訳、三和書籍、二〇一〇年）第一章第三節、第九節。

＊4　この論点をただちに確認してもらうために、私は引き裂いた紙を掲げて、「これは善いか」という問いに答えるように聴衆に求めたことが何度かある。聴衆は申し出を受けとめ、そこに論理的な、すなわち、文法的な誤りを認識したことを笑いで示すことになる。

＊5　L・ウィトゲンシュタイン『哲学探究』第一一六節。

第1章
道徳哲学への再出発

悪は欠陥なのか

本書で私は、道徳判断のあり方について——さまざまに異論はあろうが——現代の多くの道徳哲学者たちとは非常に異なった見方を提示しようと思う。というのも私は、人間の意志や行為についてのわれわれの評価は、人間以外の生き物に特有のあり方や働きについての評価と共通した概念的枠組みのもとにあり、そのように考えて初めて適切に理解できると考えているからである。私は道徳的な悪（moral evil）は「ある種の自然的な欠陥」であると論じようと思う。[1] 以下の議論においては、「生のあり方（life）[2]」という概念が中心となる。ここでは、ある人間の行為やその傾向性が善いという事実は、単に、特定の種の生き物が示す生き方についての事実のひとつであると考えられることになる。

このような提案をすることは、倫理にかんして自然主義的な理論を構想することである。つまり、ムーアの反自然主義や情緒主義、また（ムーアの本来の考え方の発展や明確化として考えられてきた）指令主義といった主観主義的な理論と根本的に縁を切ることである。こうした立場を適切に評価するために、まず、分析哲学が論じられてきたイギリスやアメリカ、さらにいくつかの国々においてこの六十年ほどのあいだ主流となっていた主観主義について説明し、次いで、それを拒否する理由を提示しなければならない。ここでいう主観主義とは、「非認知主義」とも呼ばれる立場であり、A・J・エアやC・L・スティーヴンソン、そしてR・ヘアなどとともに登場し、J・マッキーなどの仕事に影響を与え、最近では、A・ギッバードによる規範的な言語についての「表出主義者」の説明に新たな装いのもとで登場している立場だ。S・ブラックバーンはギッバードの著作『賢い選択、ふさわしい感じ方』を評して、同書が現代における道徳哲学のアジェンダとなることを願うと述べている。[*1] 個人的には、ギッバードをすばらしい哲学者だとは思うが、アジェンダとはならないことを願っている。というわけで、本書では、どのような理由によって、こうした非認知主義者の理論がそれぞれに、また全体として、誤りに基づいていると考えられるかを論じたい。

ここで非認知主義者として一括した道徳哲学者たちは、それぞれに異なった見解をもっている。その共通する特徴を明確にしつつ、不当に扱わないために、そもそも非認知主義とは何を目指していたかを明らかにすることから始めよう。非認知主義の根幹にはヒュームがいる。しかし、より直接的には、エアとスティーヴンソンの情緒主義、そしてヘアの指令主義もそうだが、これらは（論理実証主義によって知られることになったが、さらにそれを越えて展開した）「言語論的転回」の結果として登場した。すなわち、「言語哲学」の登場とともに、道徳判断の特徴的なあり方を、言語の特殊な使用法によって説明する、つまり、〔記述するというのではなく〕「評価」するという使用法（もっとも、ここでの「評価」ということは、「評価」という言葉の普通の意味よりも、感嘆や命令といったことと結びつけて理解されているのだが）によって説明するという考え方が登場したからである。この考え方を手にしたことによって、善さとは特殊な種類の「非自然的」性質であると主張したさいにムーアが言おうとしたこと、そして言おうとしていたはずのことを明確に論じうるようになったように思われた。*2 この特殊な「非自然的」性質という考え方は、情緒主義と指令主義の展開において、言語の特殊で本質的に実践的な使用法という考え方にとってかわられた。そして、これは非常に重要な発見だ、と思われたのである。評価する言語の使用は「情緒」の表明であるとされた。つまり、評価する言語の本質は、話し手の感じ方や態度を〔記述するのではなく〕表出すること（そして、結果的に他の人の類似の感じ方や態度を引き起こすこと）にあることになった。そうした「態度」をとる人は、自分たちが「善い」と呼ぶようなものごとを「好む」。ここで、ある態度をとるということは、〔その態度をとることによって〕ある行為をする傾向へと結びついていると考えられた。これはエアの教説でもあった。その後ヘアは、「評価」ということをさらに密接に個人の行為に結びつけることになった。ヘアは、その普遍化可能性論において、話し手は、普遍化された命令によって他者に強く勧告するとともに、一人称的な命令を受け入れることで、自分が「善い」とよぶことがらを選択することにコミットしていると論じたからである。それゆえ、いわゆる「指令主義」は、ここで私が問題にしている考え方の特殊形態であり、当初考えられた情緒主義の一形態でもあることになる。言語の「指令的な」使用ということを定義して、ヘアは次のように述べている。

われわれが何ごとかを指令的であるとするのは、以下の場合、そしてその場合に限る。つまり、ある行為A、ある状況S、そしてある人Pについて、その人Pが、われわれが言うことに（口頭で）同意しながら、状況Sにおいて行為Aをしない場合に、彼は不誠実な仕方で同意していることに論理的になる場合である。[*3]

評価と記述

この定義については後にあらためて見ることにするが、ここではまず、私が批判しようとしている理論についてもう少し一般的に述べておきたい。これまで言及した論者や、その影響を受けた論者に特徴的なことは、彼らが、次のように考えていることだ。つまり、道徳判断を真摯にすることには、個人の感じ方、態度、あるいは意図といったことが伴っておらねばならず、したがって、こうした判断は単に事実を「記述」することや「事実を主張」すること以上のことを行なっている、と考えている。もちろん、われわれの言語には、「勇気ある」とか「正義にかなっている」といった道徳判断をすることだけでなく、記述することを狙いとする多くの言葉があることは周知のことだ。しかし、そうした言葉の「記述的」内容は、それだけでは決して道徳的評価には達しえない。評価ということが登場するためには、その言葉を語る話し手の感じ方や行為へのコミットメントが付け加えられねばならない、というわけである。こうして、「記述的」言語と「評価的」言語という、たしかに一見何の問題もないように見える区別が、現代倫理学において何か当然のことであると考えられることになった。

　初期のこうした理論においては、「道徳的に善い」とか「道徳的に悪い」といった言葉が適用されうる行為の範囲を限定するのは、「整合的であるかどうかだけ」であった。それゆえ、道徳判断にかかわりをもつとされた他の特徴は、それだけで独立しうることがらであり、そうした特徴はわれわれの道徳と矛盾したり、さらには真っ向から対立しさえするまったく異質の道徳の核ともなりえた。さらに言い替えれば、「道徳的な称賛」とか「道徳的な非難」といったことを純粋に表現する言語的な仕組みがなかったとしても、それは単にその言語の偶然的なことであるとされた。それゆえ、こうした初期の理論は極度に主観主義的であり、そのため、「右回りに木の周りを走ること」

や「月明かりのもとでハリネズミを見ること」について、その悪さを語るといった奇妙な、「道徳判断」がなされる可能性を許し、また、解決できない道徳的対立の可能性を無際限に開いてしまうものであった。いまでは、私が思うに、一般に、何かが道徳の体系であると言えるためには、何らかの内容にかかわる制限があると認められている。さらに、ヘア自身は、普遍化された指令主義からは、かなり厳格な形態の功利主義がじっさいに導かれると考えている。[*4] だから、私がここで試みるのは、上記のような「何でもあり」の主観主義に対する旧来の批判ではなく、新旧とり混ぜたある種の形態の非認知主義を批判することである。こうした理論によれば、たとえ「記述的内容」に対しての非常にきつい制限が受け入れられたとしても――たとえば、最大幸福原則と結びつけられたときには「べし」とか「正しい」といった言葉は意味をもち、それ以外のときには意味をもたないというベンサムの考え方でさえ受け入れられたとしても――「記述」はそれだけでは決して道徳判断に達することはないことになる。[*5] ある種の行為についての功利性であれ何であれ、そうした何かを確信している人も、自身のうちに正しいという感じや態度を見いださない限り、あるいは、ある特定の仕方である行為をすることにコミットしようとしない限り、自分の道徳的な善さについて、端的には、そして真摯には判断をすることはないであろうし、じっさいできないのである。道徳的評価には、事実にかんする信念と並んで、「意欲的な（conative）」何かがあるのでなければならないということになる。

こうした理論が試みていたのは、「約束を破ることは道徳的に問題のあることである」といった文の使用の条件を、話し手について真であらねばならないことがらを通じて与えることであった。つまり、話し手はある種の感じ方や態度をもっていなければならず、ある種の仕方で行為することにコミットしていなければならず、そのように行為しなかったとすれば、少なくとも後悔を感ずるのでなければならない。こうして、文の意味は話し手の態度、意図、心の状態によって説明されなければならないことになった。そして、このことによって、道徳判断と主張のあいだにギャップが生じた。いわゆる真理条件は主張に意味を与える、あるいは、意味のすべてであるが、道徳判断にとっては意味のすべてではないと考えられたからである。したがって、主張と対になる事実と、感じ方や態度、あるいはまた行為へのコミットメントの表出と対になる価値は区別されることになったように見えた。事実的なことがらにかんする命題はその真理条件が満たされれば主張することが可能であったが、道徳判断は、発話の条件を通じて、個々の話し手の主観的なあり方と本質的に結びついているとされたのである。

こうした考え方は総じて誤りであると思う。この点については一九九五年の拙論「道徳的主観主義は誤りに基づいているか？」で論じたが、本章の議論はこの論文に基づいている。では、どんな誤りか？　それは、道徳判断について「特別である」と考えられていることがらに、道徳判断の根拠によっては決して達することができないような仕方で解釈してしまうという誤りである。つまり、どのような「根拠」が与えられようとも、ある人には道徳判断をする用意がない、あるいは、そもそもできないということがあることになる。というのも、その人が判断をするさいに必要な態度や感じをまだ得ていない、あるいはまた、それにふさわしい「意欲的な」心の状態にない、その行為を決意する用意がないといったことがありうるからである。つまり、この種の理論によれば、こうしたことこそ道徳判断をするのに必要なのだが、それが欠けることがあることになる。しかし私が否定したいのは、根拠と道徳判断のあいだにはこうしたギャップがあることである。私の考えでは、道徳判断をするにあたってそうした条件などはなく、したがって、ギャップもない。

ヒュームによる道徳性

しかしながら、二十世紀中葉の道徳哲学者の心を捉え、いまでも捉えつづけているのは、一時的な集団的狂気ではなかった。こうした主観主義的な理論は、じっさいに道徳判断に見られるある特徴、つまり、「行為を導く」という道徳性の特徴を説明するために考案された。この特徴こそは、ヒュームが自分の道徳哲学の基礎であると主張しつづけた特徴である。ヒュームが言うには、道徳とは、必然的に実践的なことがらである。つまり、ある行為を生み出したり妨げたりするものである。この要請を、「ヒュームの実践性要求」と呼ぶことにする。[*6] この要請を私は否定するつもりはない。私の論点は、主観主義的な理論がこの要請に誤った仕方で応えようとしていることにある。本章の実質的な課題はこのことを示すことにある。

この主張を証明するためには、当然のことながら、道徳判断が本質的に「行為を導く」ということを、非認知主義者とは異なった仕方で示すことができなければならない。この点について私自身の見解を述べなければなるまい。私の見解では、手短に言えば、ヒュームの要請は、道徳的に行為することは実践的合理性の一部であるという（もっともヒューム流ではない）考えによって満たされる。

こうした考え方を提案することが非常に無謀に見えることは十分承知している。つまり、悟りきったような〔哲学的な〕言い方をすれば、ライオンの口のなかに頭を差し入れるようなものだ。というのも、道徳的な行為と合理的な行為が一致することとさえ確証するのは困難ではなかろうか？つまり、窮地から逃げる唯一の方法を正義や慈善が禁じていたり、行為者の生命さえもが危機にさらされるかもしれないといった困難な状況についてはどうかということだ。正しい行為が合理的なことであると論証することは、たとえば、デイヴィド・ゴティエが何年にもわたって、多大な精力と技を費やして格闘してきた問題でなかろうか？[*7] しかも、この問題は、私自身がこれまで、一九五八年の拙論「道徳的信念」から一九七二年の拙論「仮言命法の体系としての道徳性」に至るまで、何度もあれこれ試みながら、その度に乗り越えることのできなかった壁ではないか？　たしかにそのとおりだ。今回、成功の見込みがこれまでよりあるとすれば、それは、これまでこの問題をうまく扱えなかったのはなぜかがわかったと考えているからである。大まかにいえば原因は、これまで私が行為の理由は行為者の欲求に基づくのでなければならないということを当然のことと考えて、程度の差はあれ基本的にヒューム流の理論を保持していたことによる。たしかに、一九七二年の別の論文では、(道徳を合理的なことと考えることについての疑念とはだいぶ矛盾することではあるが)自己利益という考慮要因[3](considerations)を「理由を与える」独立した力として認めていた。[*8]しかし、このことは、利益には公平な態度をとる正義がもつ合理性にかんしては何の助けにもならない。私はそうした正義の合理性を、かなり恥ずかしいことに、自らを正義を愛する人と記述できるような欲求をもつ人びとに制限しようとしていたのである。それゆえ、道徳的な正不正の規準について客観性を主張しながら、合理性のレベルにおいて主観性をふたたび持ち込んでいるという批判を私が受けてきたのは、まったく正当なことである。

私は当時、多くの論者と同様、道徳的行為の合理性についての議論は、行為の理由はどのようでなければならないかについての何らかの理論から出発するのが当然だと思っていた。そして、そうした理論としては、自己利益という要因をいくらか特別に重視するようなある種の欲求充足理論が好ましいと考えていた。いまや私は、合理性にかんする自己利益理論と合理性を欲求充足として理解する理論は、ともに誤りであると信じている。さらに、道徳的行為の合理性をいずれかの理論に適合させようとする戦略には誤りがあるように見える。たとえば、最初に合理的行為の理論を構想し、それからその理論に、正義と慈善による行為のもつ合理性をできるだけうまくはめ込もうとするような戦略には誤りがあるように思われる。

　こうした戦略が誤りであることは、友人のワレン・クインに教えられた。そして、当時彼はそのアイデアをじっさいに自ら展開していなかったと私は思うが、合理性についての目的中立的なヒューム流の理論に対する彼の批判論文のなかで、その同じ考え方は示されていた。彼がこのことを論じた重要な論文「合理性をふさわしい場所に置く」は、惜しまれることだが、彼が若くして亡くなった後、彼の論文集『道徳性と行為』に再録された。たとえ卑しむべき欲求であっても、何がしかの欲求を充足することが合理的であるとしたら、実践的合理性においてそれほどに重要なのは何なのかとクインは問う。このように問うことで彼は、道徳的な行為はあらかじめ設定された何らかの合理性概念のもとで導入されなければならないと考えることが正しいかどうかを問うていた。たしかに、このように問うことは非常に重要なことであるように私には思われる。私の立場、そしておそらく彼の立場では、ここで〔道徳的行為の合理性を〕この問いの方向に「適合させる」ことは、まったく的外れであるということになる。それゆえ私は、はじめに実践的合理性についての説明として、自己利益や欲求の最大満足といったさまざまな対抗理論を描き、次いで、ゴティエをはじめとする人びとがしたように、道徳的行為の合理性を、そうした理論のなかで勝ち残った理論を使って説明しようとは思わない。しかし他方で私は、実践的合理性が全体として、われわれが通常理解する意味での「道徳性」という傘の下に入ることができるとも考えない。

合理性と道徳性

私の考えでは、たとえば、真実を語ること、約束を守ること、隣人を助けること等々の合理性は、自己保存の合理性や無害な目的を注意深く自覚的に追求することの合理性と同じ資格にある。つまり、それぞれは、実践的合理性の一部分、あるいは一側面である。さらには、実践的合理性が何を要求しているのかについての判断は、さまざまな異なった考慮要因の相互のかかわり合いを考えたうえで、つまり、道徳的な要因に加え、道徳とはかかわらない要因についてもその重み付けを考えたうえでなされなければならないのだが、これらの要因は、みな同じ資格にある。というのも、必要とされているときに助けを与えること、約束を守ること、さらには、私が思うには、常に真実を語ることでさえ、必ずしも合理的であるわけではないからだ。「道徳的な考慮要因」が常に「優越する」と語られるべきであるとすれば、それは個々の道徳的要因ではありえず、すべてを考慮したうえで、何がなされるべきか、についての総合的な判断でなければならない。道徳的な要因の優性という論点をうまく処理するには、頭を冷静にして、判断を述べる表現には総合的な判断を含意する表現もあれば、それを含意しない表現もあることを忘れてはならない。たとえば、熟慮を欠くことは、その定義により合理性に反することであるが、自己犠牲はそうではない。こうした細部にかかわる論点は別にしても、行為における合理性についてのさまざまな要求は同じ資格にあると考えられる。のちに私は、実践的合理性のこうしたさまざまな根拠には、それとして明らかではないが、統一性があると論ずることになる。ここで強調しておきたい点は、選択の善さと実践的合理性の関係を説明するさいに私が基礎としているのは、選択の善さだという点である。大胆に言えば、意志の善さという規準から派生するのではないような実践的合理性の規準などはないと私は言いたいのである。

しかし、自己利益や心からの欲求に反するときでさえも、約束はおおよそ守られなければならず、真実が語られなければならず、あるいはまた、救助はなされなければならないとすれば、どうしてそんなことが可能なのだろうか？　そう問われるのは当然である。

それを論証するには、徳の本性について観察することから始めるのがよいだろう。徳をもっている限りその人の行為は善いということ、つまりその人は立派に（well）行為しているということは、徳という概念の内に含まれている。諸々の徳とは、それらをもっている人を立派に行為するようにさせるのである。われわれは、これが何を意味するかを探求しなければならない。

たとえば、正しい人を不正な人から区別するのは何なのか？　契約を守ることだろうか？　これは正しい答えではありえない。なんらかの事情で契約を守ることが不可能になることもある。無実の人を殺さず救うといったことでもない。非難できない過ちにより、救うかわりに殺してしまうこともあるからである。あるいは、「重要なのは、もちろん、正しい人がじっさいに結果としてもたらしたことではなく、その人の意図だ」と答える人もいるだろう。しかし、ではなぜ、正しいことをそうではないことから区別するのは、正しい人びとにとって、ある種の考慮要因が、行為の理由として、つまり、かなりの重みのある理由とされていることだと言わないのか？　そしてこのことは、他の徳、たとえば、慈善や勇気や節制といった徳にも言えることではないだろうか？　有徳な人がこうした徳を備えているのは、その人が、（そのように約束したとか、それを隣人が必要としているといった）要因を、行為するための強力で、また多くの状況においては強制的であるような理由として認識する限りでのことである。有徳な人は、理由を認識し、それに基づいて行為するのである。

したがって、「正しい」という記述は、個々の人に適用されると、一定の範囲の要因を行為の理由として受け入れることにかんして、その人がどのようなあり方をしているかを語っていることになる。正義が徳であるならば、正義の徳が正す、つまり、善くするのは、まさにこのことである。身体的に強いこと、身体の動きがよいこと、話上手なこと、視力がいいことなどは、意志の善さという意味での善さには含まれない。しかし彼は、善く行為するのでなければならない。つまり、特定の要因の力を行為する理由として認識することによって、つまり、その認識と、その認識が彼のすることに対してもっている影響のもとに、少なくとも一次的に与えられるような意味において、善く行為するのでなければならない。正しい人が、約束を守ること、借りたものを返すこと、権利が侵されている人を守ることなどを目的とするのは、そうした行為が正義の徳によって求められている限りにおいてである。同様にして、正しい人は、彼が与えた徳が求める目的とのかかわりでさえも、自分がしてよいことについて限界があると考える。たとえば、その人は、（アンスコムが提示した忘れがたい多くの例のひとつを挙げれば）火事の拡大を防ぐために誰かの所有物を破壊するのはよくても、誰かに大量殺人をやめさせるためであれ、無実の人を殺すことは許されないと考える。この認識に基づいて彼は行為するのである。同じように、慈善が徳であるとすれば、それは、貧困を和らげるといったことが目的である領域において、この徳の持ち主の行為を善いものとするからである。ここでもまた、特定の要因を行為の理由として認識することで、その理由に基づいて、徳ある人はなすべきことをする。*9

さて、徳を、（a）ある種の考慮要因を行為の理由として認識すること、そして（b）それにふさわしく行為することとして記述することで、私は、道徳的な善さについての周知の、そして伝来の考え方を表明したにすぎない。しかし、同時に私は実践的合理性について語ってもいたのではないだろうか？　これまでの議論は、理由を認識することと理由に従うことという観点から、人間にとっての善さについて論じてきたのであり、これが実践的合理性ではないとすれば、何が実践的合理性だと言うのか。実践的合理性についてある種の思い込みのある人は、合理性とは自己利益に従うことであると答えるだろう。あるいはまた、それは現在の欲求を最大限に満足させることを注意深く、そして意識的に追求することであると。そして、このように答える人は、競合する理論のひとつ〔つまり自分の理論〕が実践的合理性の概念そのものを与えていると考えている。少なくとも、彼らは、自分たちの理論が、理由に従うことと関係する徳としての正義と慈善についての議論に基づくわれわれの理論と比べて、実践的合理性について同じくらいに妥当な代案を示していると論じるだろう。しかし、先に示唆したように、これは誤りである。競合する諸理論のどれかによって考えるのではなく、実践的合理性についてのさまざまな部分を考えるべきであったのだ。そうした部分を全体であると誤解してはならない。ある行為は実践的合理性に反することがあるのだが、それは、正直ではないことや他の人の権利を軽視すること、あるいは、愚かにも無分別であること、さらにはまた、その行為者が、自分が欲していることをしようとするさいに、たとえば、注意を欠いていたり、臆病だったり、上の空であったりすることによるのである。

まぬけな盗人

少なくともこれほどに多くの場合があるのだから、そして、それを分類することが有益かどうかも確かではないので、「実践的非合理性」といった包括的な言葉や、この言葉と関連して用いられる「実践理性に反する」といった言葉がさまざまな副次的な記述と一緒に登場するのは驚くべきことではない。ここで言葉の使用の些事について、つまり、たとえば、「非合理的である」とか「理にかなっていない」といった特定の言葉が、どこで使うならふさわしいかといったことを論じようとは思わない。「ばかげた」とか「愚かな」とか、さらには、普通の意味での「非合理的な」といったいくつかの言葉さえ、たとえば、『大列車強盗』(4)の登場人物の行為を正しく記述するものではないことは明らかである。つまり、彼らは正直ではないし、列車の運転手の命については犯罪的なまでに無頓着であり、彼らのしたことは正義に反し、したがって、私が論じつつある見方によれば、実践的合理性に反しているのであるが、それでも「ばかげた」とか「非合理的な」といった記述は彼らの行為について正しくはない。実践的理性についての議論を、その本来の適用の場面から切り離し、ある特定の表現に的を絞って展開することは、混乱しかもたらさない。それが、道徳判断は「理解できる」言葉でもそうでない言葉でも表現できるものだと考えてアラン・ギッバードが陥ったことである。*10 それこそが列車強盗たちの行為や、暴利をむさぼる地主として悪名高いイギリス人ラックマンの借地人との交渉の仕方の何が悪いのかを語る唯一の仕方であるかのように思わせてしまうのである。

　理性に反するあり方はさまざまあるということには疑いを差しはさむ余地はなく、同時に複数の仕方で合理性に反することがあることも驚くべきことではない。ある夜盗の話を読んだことがある。彼は盗みに入った家でテレビに見入ってしまったために捕まった。彼は正直でないことに加えて、無分別であるということによって、理性に反するあり方をしたわけである。彼はさっさと盗品をもって逃げなかったために失敗したのだから、さっさと逃げるべきだったと語ることもできる。しかし、だからといって、この無分別を避けていたら彼は善く行為していただろう、ということにはならない。というのも、人は、十全の実践的合理性でもって悪い目的を追求することなどできないからである。*11

まだ十分明確ではないにせよ、こうした実践的合理性のさまざまな部分をつなぐ共通の糸を見てとることができるだろう。核となる考え方は、人間にとっての善さを行為とのかかわりで考えることである。くりかえしになるが、この善さは、視力や器用さ、さらには記憶力といったことではなく、意志の善さを意味している。カントが、道徳的な善さは意志の善さであると言ったのはまったく正しい。実践的合理性という考え方は、徹頭徹尾、この種の〔カント的な〕概念である。しかしながらカントは、理性的な存在それ自体に適用可能な抽象的な実践的理性という抽象的な考え方によって、われわれ自身の道徳的コードといったことに完全に到達できると考えた点で誤ってしまった。というのも、人間の行為についての評価は、まさに人間に特有の生のあり方が本質的にもつ特徴にも依存するからである。

人間にとっての善

アンスコムは、論文「約束することとその正義」において、道徳性が人間というわれわれの種の生のあり方に依存することについて論じている。アンスコムは、何らかの制度によって互いの行為を拘束することを必要としている人間の生のあり方について、さまざまな事実を指摘する。たとえば人が自分の欲していることを他者に確実にさせることを可能にする仕方は、約束ぐらいしかないといった事実である。そして、さらに付け加えるならば、この人間の生のあり方についての事実に依拠することには、たとえば誰かが死んだ後にはその子どもの世話がなされるべきだといった、かなり重要なこともある。約束をめぐるアンスコムの議論については、後に第3章でもう少し詳しく論じることにしよう。

アンスコムが言うには、「物理的な力を使わずに互いに何かをさせることは人間の生のあり方にとって不可欠なことであり、それは……他の手段によって確保できることではない[*12]」。ここでアンスコムは、他の場所で「アリストテレス的必然性」と呼ぶ事態を指摘している。つまり、善がそれに依存しているがゆえに、そしてその限りにおいて、不可欠であることである。[*13] この考え方は、植物にとっては水を得ることが、鳥にとっては巣をつくることが、オオカミにとっては群れで狩りをすることが、メスライオンにとっては子どもに獲物を殺す術を教えることが不可欠であると言うときに、われわれが想定している考え方である。こうした「アリストテレス的必然性」は、おのおのの植物や動物が必要としているもの、その生息環境、そして、その手持ちの資源や手段でやっていく仕方に依存している。こうしたことがらが一緒になって、それぞれの種のメンバーがそうあるべきあり方、そして、そうすべき仕方を規定している。[14] そして、人間の生のあり方と植物や動物の生のあり方のあいだに見られるきわめて大きな違いにもかかわらず、人間に見られる欠陥や優れたあり方は、植物や動物の場合と同様に、人間とは何であるか、そして人間は何をするかということに関係している。人間はカツオドリのように水に潜る能力を必要とはしないし、フクロウのように暗闇で見る能力も必要とはしない。しかし、われわれの記憶力と注意力は言語を学ぶことを可能にするようなものでなければならず、視力は一目で顔を認識できるようなものでなければならない。他方で、生きていくのに必要な術を子どもたちに教えないならば、人間の親には、それを怠るメスライオンと同じく欠陥があることになる。さらには、われわれは社会的な生き物であり、慣習的な取り決めといった特殊な要因に頼りながら協力し合い、群れで狩りをするオオカミがそうであるように、互いに依存し合っている。こうした動物たちと同じように、われわれは自分自身ではなく他者に利益をもたらすこともする。人間の行為の善さを、それぞれの人が自身にもたらす善だけを見て評価することは、よい評価の仕方ではない。ここで疑問が生ずるのかもしれない。われわれが実践的合理性について利己主義的な考えをしがちなのは、いまやまったく信用を失ったものの、まだいくらか影をひいている心理的利己主義——すなわち、すべての人間の行為は行為者自身の善に向けられているという考え——の影響ではないか？ それ以外に、理由にしたがう人間の行動の評価は、動物の行動についての評価とはまったく異なった概念的枠組みにおいてなされなければならないと考える理由があるだろうか？　エサはもらいながら狩りには参加しない「ただ乗り」オオカミには、蜜の場所を見つけながらその場所を行動で仲間に知らせようとはしないミツバチと同じく、何か具合の悪いところがあるということは否定できないだろう。同じ種のメンバーが一緒になって働くなかにいる、こうした「ただ乗り」する個体には、聴覚や視覚、さらには運動能力において欠陥のある個体と同様に欠陥がある。

それゆえ私は、まったく真剣に、道徳的評価の基礎を、動物の行動の評価の基礎になぞらえて理解しようとしている。しかしながら、人間のコミュニケーションと推論のあり方がことがらの情景を変えてしまうほどに高度であるということを過小評価してはならない、ということも強調しておくべきだろう。他者と協調することなしに生きていけない人間にとっての善、真理や芸術や学問への尊敬といったことなしに考えることのできない人間にとっての善は、動物にとっての善よりもはるかに多様であり、また正確に描くのは困難である。さらに、動物は人間とは異なって、自分のなすべきこと、つまり必要なことと、自分の能力の内にあることをするのに、ことの次第を理解している必要はない。対して人間は、たとえば約束を守ることや公平であるといったことについて、そうする理由があること、そしてその具体的な理由の中身を理解できるし、理解しなければならない。この最後の要求は高い要求だと思われるかもしれない。しかし、人がこのことを理解することは決して困難なことではない。われわれはみな言うべきことを知っている。「正義なしにわれわれはやっていくことができたであろうか?」とか、「お互いに助け合わなかったら、われわれはどうなっていただろうか?」とか、「自分たちのために自分たちで決定する方法が一切なかったら、われわれはことをどうやり遂げることができただろうか?」と問うてみればよい。

こうしたことを考えてみれば、人間にとって道徳性を教え、従うことは必然的なことであることがわかるだろう。道徳性なしには、われわれはやっていけないのだ。そして、このことが、拙論「仮言命法の体系としての道徳性」において提出した問いへの答えの要点である。つまり、そこで私は、決闘の規則やばかげたエチケットの規則に服するのは合理的ではないが、道徳性に従うことは合理的であると考えられるべきなのはなぜかと問うた。そして、自分の問いに自分で答えるという「でき芝居」をしてしまったのだが、それは、そのときにはまだ実践的合理性についてヒューム的な考え方をしていたので、いまではもっとも重要なことだと確信していることが的外れだと考えていたからだ。[*15]

後になって、ワレン・クインが、先の考えを変えた以上は、少なくとも合理性についてのそれらを統合した理論の基礎を見いだしたと主張できるはずだと指摘して、私の議論の展開を助けてくれた。というのも、現在、「道徳的徳」と呼ばれるにとりわけ値すると考えられ、かつしばしば分別と対比されているようなさまざまな徳が、人間にとっての「アリストテレス的必然性」であるならば、理にかなったいくらかの自己利益もまたそうだからである。いったん成長すればわれわれは、他の誰かがしてくれるよりも自分自身の面倒を見ることができるからという根拠しかなくても、それだけで理にかなった自己利益は「アリストテレス的必然性」であると言えるからである。[*16] 人間にとっての善は、個々のより特定された目的を注意深く、よくわかったうえで追求することにも依存しており、また、概して食欲を満たし欲求に従うことにあるからである。

恥知らずと不誠実

さて、非認知主義に対する私の反論の本筋に戻ろう。実践的合理性は以上のような仕方で規定されると私は考えるから、道徳判断の「行為を導くというあり方」は、道徳的行為の実践的合理性を通じて解釈できると主張することになる。注意してほしいのは、実践的合理性という概念をここで使っても、そのことによって、道徳判断について主観的な（行為者中心的な）条件をふたたび導入しているのではないことである。というのも、私は実践的合理性についての欲求を基礎とするヒューム主義的な理論に同意してはいないからである。さらに、ある行為は合理的であると発言するときにわれわれが何をしているのかにかんするギッバードの「表出主義者」流の説明にそって考える理由はないと私は考えている。この種のことは私の論点とはかかわりのないことである。

それゆえ、実践的合理性とその根拠についての判断にかんして私が正しく、そしてまた、エリザベス・アンスコムが約束について言ったたぐいのことを、評価をめぐる一般的な（種に基づく）規準を具体的な事例に適用したにすぎないと見ることにおいても私が正しければ、道徳性は「必然的に実践的である」というヒュームの要請に対して、非主観主義者、つまり認知主義者の答えが、原理的にどうやって与えられるかを私は理解していると主張できることになる。私の主張は、約束すること、人づきあいのよさ、困っている人を助けることといったことについての考慮要因は、行為の理由に対して、自己利益や自分の目的のための手段についての考慮要因がもつのと同じ種類の関係をもつということである。つまり、いずれの考慮の場合も、実践的合理性という概念と人間の生のあり方についての事実とを介して〔行為の理由に対して〕関係しているのである。それゆえ、私は、情緒主義や指令主義、そして表出主義といった理論に代わる認知主義者の理論を作り出す試みには見込みがあると考えるのである。つまり、道徳判断と行為のあいだの必然的な関係についての情緒主義、指令主義、表出主義といった理論が扱おうとしていたものをまさに扱っている代替理論である。

ここで次のように反論されるにちがいない。たとえこうした路線のもとで、道徳的言語と行為のあいだに何らかの概念的なつながりがあることが、ある道徳判断がある行為をする理由があることを語っているという事実を介して示されたとしても、このことは先の道徳判断と行為との関係をふさわしく位置づけるものではないだろうという反論である。つまり、この反論は、道徳的判断と、それぞれの、そしてすべての個人の行為とのあいだに何らかの関係が成立することを示してはいないと言うのである。しかし私はそうは考えない。「実践的合理性」についての説明によれば、道徳判断は、この判断が適用されるあらゆる個人の行為について何ごとかを語っている。すなわち、ある人がその理由を認識していようといまいと、そして、認識している場合には、その理由に基づいてなすべきことをするにせよしないにせよ、その人がそれをしたりしなかったりする理由についての何ごとかを語っている。さらに、道徳判断は、自分には道徳的に行為する理由があると知っている個人の道徳的行為を説明できる。というのも、理由に基づいて行為することは人間における基本的な働きのひとつだからである。このこともまた、必然的に実践的なものであるという道徳性のあり方についての私の説明に含まれている。道徳性は、行為を生み出すことにも妨げることにも役立つ。というのも、理由を理解すれば、どのように行為すべきかわかるからである。

しかしながら、道徳判断と行為とをあまりにも密接に結びつけることのないように注意しなければならない。真なる道徳判断を語る人は、その道徳判断が命じることを必ずしもするわけではない。その人はその道徳判断が真であることを認識していないかもしれないし、認識していてもそれに基づいて行為しないかもしれないからだ。ヒュームの「実践性の要求」の力を認めたとしても、われわれは無知や意志の弱さ、さらにはある種の厚顔無恥さといったことが生ずることを認めなければならない。「合理性」についての私の説明が、この最後の場合の生ずる余地を残しているとすれば、それは欠点ではなく、むしろ長所と考えられるべきである。もちろん、まったくあからさまに厚顔無恥な行ないは、少なくとも哲学者の多くが暮らしているような世界では、(今日でさえ)かなり稀なことである。しかし、人が道徳的言語を使いながら厚顔無恥でもありうることを認識すること、また、こうした厚顔無恥さは不誠実さと同じではないことを見てとることは重要である。たとえば、田舎に出かけては、無害な小動物の狩りをすることで一日を過ごす街の無骨者たちのメンバーについて、次のような話を聞いたことがある。彼は、自分を「グループの良心」と称したうえで、「七十年ほど生きてきたが、とりたてて経験が豊かなわけでもない、そんな私が、一日郊外に出かけ、何でも好きなことをしてよいということになると、それはこれからすることだね」と言ったのである。あるいはブルックリンのある政治屋もまた、正しいことを支持するのは困難だという大衆の見方に反して、本当に困難なのは彼がしていたこと、つまり、「毎日毎日、毎週毎週、不正なことを支持すること」であると厚かましくも言ってのけたのである。この政治屋なら、トマス・ハーディの小説『テス』のアレック・ダーバヴィルのように、「悪く生きてきた、そして悪く死ぬだろう」といったことを、文字通りに、つまり、改めようという意図など微塵も見せずに言ってのけるかもしれない。

道徳性を攻撃することで自分の厚顔無恥さを隠そうとする人もいることは事実である。しかし、単なる恥知らずは思いのほか多いのである。では、こうした人は、ギッバードによれば人が道徳判断をするにあたって表出している心のあり方を語るための言葉のひとつとされる「是認する」という言葉を借りて言えば、正義や慈善の「規範を是認する」ことがないということになるのだろうか？　じつは私は、この「是認する」というやや人工的な表現によって何が意味されているのかわからない。私が思うに、多くの犯罪者は道徳性といったことについてはあまり考えない。イギリスのある政治家は、武器輸出についての汚らしい事実を指摘されて、「外国人たちが互いに何をしているかなんかをあれこれ気にしたことはない」と言ったと伝えられているが、ありそうなことである。たしかに人は道徳ないし道徳の部分を「是認する」ことや「是認しない」ことを、単に道徳について考えることを拒否することで避けることができる。われわれはときにじっさいそうしていると思う。しかし、アレック・ダーバヴィルは、テスを誘惑した晩、自分の道徳性についてまったく考えなかったわけではないように思われる。そのとき彼は「私は悪く生きてきた、そして悪く死ぬだろう」と語ったのである。彼の心のあり方を、「（イデオロギーに基づく）反道徳主義者」と呼んでよさそうな人たち、たとえばトラシュマコスやカリクレス、[5]そしてニーチェやアンドレ・ジイドといった人たちの視点と対比してみることは重要である。というのも、これらの人びとは、人間の善とか悪とかが通常想定されているようなたぐいのものであるのかどうかを問題にしているのに対し、アレックは、通常の道徳的見解については暗黙のうちに支持しているからだ。そして、このことは先に触れたブルックリンの政治屋や、害のない動物なら生かしておく理由が自分にはあると考えていたように思われる〈素人ハンター〉にも言えることである。こうした厚顔無恥の人びととは対照的に、反道徳主義者は人間の善さについて、何らかの別の標準を支持する議論を提示しようとしている。

もちろん私は多くの曖昧な事例のあることを否定はしない。しかしそれでも、厚顔無恥と反道徳主義というふたつの極があることはたしかだ。そして、そうした人のうちの誰かが、何が正しくて何が不正であるかについてわれわれと同じように語るとすれば、不誠実であるのは、恥知らずな人ではなく、トラシュマコスやニーチェに心から同意する人びとである。

それゆえ、本章の論旨に従えば、道徳的言語は「指令的」であると論じたヘアは真でないことを言ったことになる。ヘアは、言語の指令的な使用を定義するさいに、状況Sにおいて、ある行為Aは道徳的に悪いという指令的な命題に同意しながら、それにもかかわらず状況SにおいてAを行なう人は論理的に不誠実であることになる、と論じたからである。[17] 道徳的言語は、ある別の理由から「指令的」と呼びたいところもあるが、ヘアの論じた意味で指令的であるのではない。[18] だから、ある道徳判断とその根拠のあいだには何らかの「論理的なギャップ」があると考えるもっともな理由はこれまでのところ提示されてはいないということになる。

道徳の実践性

しかしながら、ここで、現在人気のあるかなり難解な形態の非認知主義と比較して、道徳性についての私の説明がうまくいっているかどうかを見るために、道徳性の「実践性」という主題に立ち返らなければならない。前に〔本書二四頁〕私は、非認知主義は明らかに正しい考え方、つまり、道徳判断は、ヒュームが述べたように、その判断が「生み出したり妨げたりする役割を果たしている」行為と特殊な関係にあるという考え方から出発していることを指摘しておいた。これは偶然的な関係ではない。「あることがなされるべきである」という思考は行為と結びつくような関係であり、こうした関係があることが道徳性という概念のなかに含まれている。この関係は、「地球は丸い」とか「苺は甘い」とか、さらには「戦争で多くの命が失われた」といった思考にはない。本章で私は、この前提を受け入れてはきたが、別の仕方で理解してきた。つまり、道徳的行為が意志と特別な関係にあるのは、道徳的行為が実践的合理性の要求であるからだと述べたのである。しかし、まさにここで非認知主義者が、勝利のにおいを嗅ぎつけて登場する。というのも、行為主体が何か（たとえば、約束を守ること）をする理由をもつという事実は、それ自身、当人の感じ方、感情、あるいは欲求に依存すると彼らは主張するからである。そして、非認知主義者は、私が何を行なうべきかについての道徳判断が、そのように行為する理由が私にあるということを含意するとするならば、この判断は単に「認知」だけではなく、「意欲的な」何かを含意するように見えると論じることになる。ここで「意欲的な」何かとは、意志が働いていること（engagement of the will）と関係する何かのことである。そういうわけで、道徳判断についての新ヒューム主義の説明を支えるために、今度は、行為の理由についての非認知主義者的な新ヒューム主義の理論が呼び出されることになる。

この理論の現代における提唱者の多くにとっては、この理論による行為の理由についての説明を、道徳性の実践的側面について私が示したような説明に対する強力な反論のように見えるようである。というのも、彼らは、ある道徳判断をする人には、行為の理由も必然的にあると考えるからである。ある人の道徳的見解は、ときには、彼の行為を説明するのに十分である。つまり、その道徳判断は現に彼がしたことをなす「動機づける理由」を彼に与えていた。そして、このことは、反論者たちによれば、その行為者についての事実を含意している。つまり、彼の態度、感じ方、あるいは欲求についての事実である。

それゆえこの議論は、道徳判断は行為の「動機づける理由」であるという前提から始まる。この前提は、人びとがあることをするのは、単に自分がそうすべきであると考えるからである、ということを意味している。そしてこの議論は、ある行為を動機づけ説明するような理由を、「心理状態」の一部として人がもつとはいかなることかについての特定の説明に由来する。

行為の理由についてのこの説明がもつ魅力はかなりのものである。この魅力は、疑いもなく、行為の心理的な決定要因について、マクダウェルが機械論的な、あるいは水圧論的な図式と称したものに基づいている。つまり、行為を信念と欲求の結合の結果と考え、欲求は意志をある方向へ動かす力であるとする図柄に基づいている。[19] こうした図柄はマクダウェルが言うように疑わしいとしか言いようがない。しかし、そもそも何がこうした図柄をもたらしたのか？　どこにその魅力があるのか？　そう問わねばなるまい。

この問いに答えるために、マイケル・スミスの論文を検討しよう。この論文でスミスは、「動機づけについてのヒューム主義的な理論」を擁護して、次のように論じている。

Φをすることを動機づける理由に特徴的なあり方は、Φをすることを動機づける理由をもつことによって、その行為者は、自分がΦをすることを可能的に説明する状態にあることになるということである。……そして、「行為者の理由が彼の行為を説明する能力があるということはどのようなことであるか」ということについてのわれわれの概念の一部には、「ある行為者がそうした〔自分の行動を可能的に説明するような〕理由をもっているということは彼についての事実である」ということ、すなわち、「そうした理由がまとめ上げている目的が、彼の目的である」ということが含まれているように思われる。[20]

われわれがこうした考え方に魅了されるのは、次のように考えるのが自然なことと思われるからである。煙草の箱を捨てる男のことを考えてみよう。彼がそうするのは禁煙したいからである。そして、彼が禁煙したいのは健康な老年を迎えたいからである。この「AはBのため」という理由づけの連鎖は、さらに進むが、どこかで止まらざるをえない。[*21] となると、この連鎖は、行為主体が「ただそうしたい」とするところで終わらなければならないのではないか？　言い換えれば、彼の個人的な心理学的状態における「意欲的な」要素で終わらなければならないのではないか？

この問いは「そうである」という答えを予想した修辞的な問いである。しかし、正しい答えは「否」である。つまり意欲的な要素で終わらなくてもよいのである。というのも、こう問うてみよ。この目的を彼に与えたのは何なのか？　五十歳でがんになると考えてぞっとしたのだろうか？　煙草を吸いすぎているのではないかと考えて不安になったのだろうか？　そうしたこともあるかもしれない。だがこれは、スミスも認めているように、肝要なことではない。しかし、そうだとすれば、なぜ、全体の成り行きを支えるのは主体の「心理学的な状態」のなかの欲求や何らかの「意欲的」な要素でなければならないことになるのか？　そうではなくて支えているのは、自分には、いや誰にとっても、状況が許す限りで自分の将来について配慮する理由があるという認識であるとは考えられないだろうか？　このことが「なぜ？」という一連の問いがそこで終わる場所ではないか？心の働きについての機械論的な図式に囚われてしまっている人は、このことを否定するであろう。しかし、それ以外の人は、「その行為をする理由の認識が、問いの連鎖を閉じるのだと考えてはどうしていけないのか？」と考えてみることになろう。理由を認識することは合理的な人に目的を与える。そして、この認識は、本章の議論に従えば、事実と概念に基づくのであって、何らかのそれらに先立つ態度や感じ方、さらにはまた目的に基づくのではない。合理性の要求について語る命題が説明的な力をもつのに必要な個人の心のあり方についての事実は、その人がそうした命題が真であることを（何らかの奇妙な理由から）否定しないという事実でしかない。彼はただ、多くの大人がそうであるように、とくに理由もなく自分の将来に注意を払わないのは愚かなことであるとわかっていればよい。人びとが自分自身の将来について理にかなった配慮をするのはなぜかについての説明は不要である。説明が必要なのは、人びとが自分の将来を配慮しない場合のほうである。人間が協力することにも特別な説明は必要ない。多くの人は、他人から利益を得ながら何らお返しをしないのは道理に反していると知っている。

　行為の理由についての新ヒューム主義の説明を全体として否定するには、しかしながら、それぞれの人が何を欲しているかにじっさい依存することを強調しておくことは重要である。私がタージ・マハルを見たいならば、インドへのチケットを買う理由があるし、東洋のものを嫌っている人にはそうする理由はない。ここでの命法は、カントに倣えば、仮言命法である。つまり、私がインドを見たいと思わなくなれば、チケットを買う理由もまた消える。例をもうひとつあげれば、空腹を感じるが、家に食べ物がない人が、家を出て、何か食べ物を買いにいくといった場合である。もし彼が空腹でなければ、出かける理由はない。そして、他に何か出かける理由が生じれば別だが、食料品店についての事実や食料貯蔵庫が空であるといった事実は、〔それが真であったとしても〕彼が店に出かけたことを説明するわけではない。

それゆえ、私の結論は、直接的に（つまり、誠実な道徳的発話についての条件を通じて）も、また間接的に（つまり、道徳判断は行為を説明できるという考え方を通じて）も、「ヒュームの実践性の要求」を受け入れることは倫理における非認知主義を支持することにはならない、ということになる。また、道徳判断とその根拠のあいだには論理的なギャップがあると考えるどんな理由もいまのところ提示されてはいない、ということになる。道徳的議論におけるさまざまな前提は、何をするのが道徳的に善いことであるか、したがって、何をするのが実践的に合理的であるのかについて主張する根拠となる。そして、それとは反対であると論じられた事柄についても、これらの前提は私の先の結論を導くことになるだろう。たしかに私の結論が正しいと積極的に論じてはこなかったけれども。〔議論のあげくに〕最終的に道徳性のあいだの不同意であることになる「余地（play）」がどれほどあるのか、どちらとも判定できない領域や、折り合いのつかない意見がどれほどあるかという点については、いまのところ私にはとくに何の考えもない。この点についてはどちらかに決める必要はないと考えている。

では、「事実」と「価値」の関係についてはどう言えばいいだろうか？　これまで論じてきた本章のテーゼは、こうであった。つまり、道徳的議論を根拠づけるものは、究極的には、人間の生のあり方についての事実にある。そして、ここでの事実とは、たとえば、約束という制度に依存している善さについて論じるさいにアンスコムが触れていたたぐいの事実であり、あるいはまた、それぞれの人が自分の将来について配慮をするのが合理的なことであるのはなぜなのかを論じるにあたって私が語ったたぐいの事実のことである。私の見方では、それゆえ、道徳的評価は、事実についての言明と対立したり、それらと独立してなされるものではない。むしろ、動物における視覚や聴覚、そして、その行動のさまざまな側面の評価がそうであるように、特定の主題についての事実とのかかわりでなされる。自分のヒナの鳴き声を聞き分けられないカモメの聴覚や、暗闇で見ることができないフクロウの視覚には何か具合の悪いところがある。このことは、私が思うに、否定しえない事実である。同じようにして、人間の視覚、聴覚、記憶力、そして注意力などについても、われわれ自身の種の生の形に基づいて、客観的で事実的な評価があることも明らかである。では、どうして次のように考えるのは奇怪なことなのか？　つまり、人間の意志についての評価は人間の自然本性とわれわれ自らの種の生のあり方とにかかわる事実によって規定されるべきだという考え方である。このように考えることに対する抵抗が、善い行為の善さは選択と特別な関係にあるという考えと何かしら関係していることは確かである。しかし、これまで示そうとしてきたように、この特別の関係は非認知主義者が考えているような関係ではなく、むしろ、道徳的行為が合理的行為であるという事実によるのであり、そしてまた、人間は行為の理由を認識することができ、その認識に基づいて行為する能力を備えた生き物であるという事実による。こう論じたからといって、それは、決して、人間を徳へと動機づける「感受性」、つまり、羞恥心や嫌悪感といった（消極的な）感受性や、共感や自尊心、そして自負といった（積極的な）感受性が果たしている役割を認めなくなるわけではない。私は、ヒュームの道徳哲学のこうした側面をしばしば強調してきたデイヴィド・ウィギンズは正しいと考えている。*22

原注

＊1 S. Blackburn, 'Wise Feelings, Apt Reading', 356.

＊2 G・E・ムア『倫理学原理』（泉谷周三郎ほか訳、三和書籍、二〇一〇年）、とくに第二章第二六節、第四章第七三節を見よ。

＊3 R・M・ヘア『道徳的に考えること』（内井惣七・山内友三郎監訳、勁草書房、一九九四年）三二一－三三三頁（原著二一頁）。

＊4 R・M・ヘア『自由と理性』（山内友三郎訳、理想社、一九八二年）、とくに第七章。

＊5 J・ベンサム『道徳および立法の諸原理序説』（「世界の名著四九」山下重一訳、中央公論社、一九七九年、部分訳）第一章第一〇パラグラフを見よ［「このように［功利性の原理と結びつけて］解釈されたときには、「べきである」

とか「正しい」とか「悪い」といったたぐいの言葉は、意味をもつが、そうでなければ無意味である」〕。
＊6　D・ヒューム『人性論』（四、大槻春彦訳、岩波文庫、一九五二）第三篇第一部第一節、また『道徳原理の研究』（渡部峻明訳、晢書房、一九九三年）第一節を見よ。
＊7　D・ゴティエ『合意による道徳』（小林公訳、木鐸社、一九九九年）を見よ。
＊8　P. Foot, 'Reasons for Actions and Desire.'
＊9　徳をもっているということには、行為や、さらには意図さえも越えた含意があるという事実については、後にはっきりと確認されることになる。本書第4章を見よ。
＊10　Gibbard, *Wise Choices, Apt Feelings* の、たとえば、七、三七、三八頁を見よ。
＊11　本書の第4章を見よ〔道徳に反したことを行なうことは、十全の意味では「合理的ではない」ことになる〕。
＊12　G. E. M. Anscombe, 'On Promising and its Justice,' *Collected Philosophical Papers*, iii. 18.〔ここでアンスコムが物理的な力以外の「他の手段」としているのは、権威や権力、そして場合によっては愛といったことである〕。
＊13　アンスコムの同論文一五、一八－一九頁。また Anscombe, 'Rules, Rights, and Promises,' *Collected Philosophical Papers*, iii. 100-101; 'On the Source of the Authority of the State,' *Collected Philosophical Papers*, iii. 139.〔アリストテレスは、アンスコムが指示しているように、『形而上学』第五巻第六章において「必然性」の意義を区別し、この「必然性」をその第一義として挙げている。「それなしには善いことがありえず／生じえず、また悪しきことから逃れ／免れることができないところのそれ（一〇一五a二二－二四）」、つまり、何らかの目的（善）とのかかわりで、その成立のために不可欠なもの（sine qua non）について語られる「条件つきの必然性」である〕。
＊14　私はここで「種」について述べてきたが、マイケル・トンプソンにしたがって「生の形」の表現を使ったほうがいいかもしれない（ここで私はとりわけ彼の著作に多くを負うている）。
＊15　思い起こせば、この点について私に気づかせてくれたのは、会話のなかでなされたハーストハウスのコメントであ

った。この点についてはまた、ハーストハウス *On Virtue Ethics* のとくに第九－一〇章を見よ〔同書については翻訳が進行中である〕。

＊16　もちろんこの点は理論的には、他の種類の理性的な存在については異なりうる。そうした存在のある者たちは、ひょっとすると彼ら自身の将来について冷静に考えることができないことに気づき、互いが互いの世話をするようなある種の「二人組制度」を工夫するかもしれない。小さな子どもを育てる場合を除けば、この制度はきわめて不便であろう。

＊17　ヘアの返答については、彼の「不利な立場から離れて」を見よ〔論文タイトルの Off on the Wrong Foot はかけ言葉になっていて、「不利な立場から離れて」と「誤ったフット」のふたつを意味している〕。

＊18　道徳的言語は、命令や規則、また法律や警告、そしてドレスコードなどが指令的であるとされる意味では、もちろん指令的である。クリストファー・クープが指摘してくれたことであるが、われわれの言語の非常に多くの使用に対しては、ある意味では「実践性要求」が課せられている。

＊19　J. McDowell, 'Are Moral Requirements Hypothetical Imperatives?' 第八－九節を見よ。

＊20　M. Smith, 'The Humean Theory of Motivation', 38.〔この論文は、改訂されたうえで、マイケル・スミス『道徳の中心問題』（樫則章監訳　ナカニシヤ出版、二〇〇六年）の第四章として組み込まれている。引用部分は、その一二七－一二八頁（原著九五頁）にある〕。

＊21　ヒューム『道徳原理の研究』付録Iを見よ。

＊22　D. Wiggins, 'A Sensible Subjectivism?'.

訳注

（1）　悪を善に反対的に対立する、つまり、いわば、ゼロを中間にしてマイナスとして表象されるような積極的な何かであると考えるか、善の欠如でしかない、つまり、ゼロに近づくこととして表象されるような消極的な何かであると考えるかは、倫理学における重要な論点である。基本的には本書もそうであるが、現代の欧米の倫理学の源流であるギリシア世界やキリスト教は、「立て前」としては後者の立場に立っている。そのため、キリスト教神学そしてその流れにある哲学は、神は全能であるから、悪の存在もまた神の「手の内」にあるのでなければならず、それゆえ、われわれのなす悪もまた神の「責任」であるという議論を否定しながら、また、「サタン」を語りながらも、神と同等にあるような積極的な悪と認めて矛盾に陥らないために、多くの議論を必要とした。ギリシア世界は、全能の神を考えなかったから、キリスト教神学におけるような仕方で悪の存在を正当化する必要はなかったが、具体的な場面では悪を単なる善の欠如に収めることができなかったから、不整合とは言わないまでも、曖昧さがある。

(2) ここではlifeに「生のあり方」というやや大げさな訳をつけたが、多くは、単に「生」と訳す。「生の形」と訳したlife formともども、以下で論じられる他の生物とのかかわりからは、むしろ「生態」といった語がふさわしい概念である。「生態」という訳を避けたのは、「生態学」という科学的学問領域があるためである。本書は、事実としての「生態」だけでなく、規範としての「生き方」を論ずるからである。

(3) 「考慮要因」という硬い訳語をつけたが、以下で論じられる実践的な推論(つまり、行なうべきことについて、「考慮する」という営み)において、「考慮される(べき)ことがら」のことである。何が考慮される(べき)点として浮かび上がってくるかが考慮する人の「生のあり方」を特徴づける。本書の主題である「徳」は、そのようにして浮かび上がってくること、そしてそれに基づく判断において「優れた」「生のあり方」であることになる。

(4) 一八五五年にイギリスがフランスに払うクリミア戦争の戦費として輸送していた金塊を強奪したという実話に基づく、一九七五年に出版されたマイケル・クライトンの小説(邦訳『大列車強盗』乾信一郎訳、早川書房、一九八一年)で、一九七九年に映画化もされている。

(5) トラシュマコスとカリクレスは、それぞれプラトンの対話篇『国家』『ゴルギアス』の登場人物。本書第7章参照。

第2章

自然的な規範

イラクサの根がもつ「それ自体」の善さ

「道徳的言語」を表出主義的に解釈する必要はあるのか、そもそもそうすることはできるのか。この疑問については前章で十分に論じたと思う。すでに述べたように、そうした理論にまぎれもない魅力を与えているのは「ヒュームの実践性要求」であり、私は、この要求を別の仕方で満たす行為の善悪にかんする考え方を説明することを約束した。それをこれからの数章で試みたい。

私の説明の要点は、人間の行為の評価を、人間の生がもつ他の特徴の評価だけでなく、他の生き物の特性や働きにかんする評価的判断をも含めた、より広い文脈で考える点にある。表出主義的理論は、あまりとりあげられることはないものの、注目すべきその帰結として、人間の行為の評価を人間の視覚や聴覚、および身体の健康などの評価から切り離すだけではなく、植物や動物の特性や働きにかんするあらゆる評価からも切り離すことになる。[*1] というのも、人間の行為の評価以外を対象とした場合には表出主義的説明がうまくいかないことは明白だからである。イラクサの根や獰猛な獣の牙についてわれわれは「善い」という語を使うが、それで「賛成的態度」を表出しているとは考えられない。今日では、こうしたことがらについての評価は、われわれの態度、実践的決定、欲求を表出する「本来の」評価から想像的に拡張されたものとして、隅に追いやられがちである。しかし、「善い」ということを選択によって説明しようとしていたある哲学者が、善い木の根とは、「われわれがもし木であったならきっと選ぶ」根だと論ずるのを聞いたとき、この種の道徳哲学は誤っているのではないかという疑念は確信に変わった。情緒主義、指令主義が考えるように善さ(goodness)を考えると、合理性をもたない生き物を記述するさいにも「善い」およびそれと同系の語がそのまま使えるということは非常に驚くべきことに思われる。世界に存在するほとんどのものについて善し悪しを語ることができるのは、たしかに、何らかの人間的関心、あるいは植物や動物が必要とすることにそれが結びつけられた文脈においてである。しかし、これらの植物や動物がもつさまざまな特徴は、「自立的な(autonomous)」とか「内在的な」といった、あるいは私が「自然な」と呼びたいような善さと欠陥をもっているが、こうした善さや欠陥は他の生物種の成員が必要としていたり、欲していたりすることとは無関係でありうる。この点で、これらの植物や動物のもつ特徴は、それらの外の世界に存在する事物、たとえば河や嵐といった事物に見いだされる特徴とは著しく異なるのである。

善悪にかんする判断は、判断の対象が、植物や動物であれ、人間であれ、生き物である場合、特別な「文法」をもつことができるように思われる。少なくともこのことが、私が本書で論じることだ。善さがこうした特別なカテゴリーに属することは見落とされがちである。おそらくそれは、他の種類のものについても非常に多くの評価を行なうからであろう。われわれが評価するものには、土壌や天気のような自然界に存在する非生物、家や橋のような人間がつくったもの、あるいは鳥の巣やビーバーのダムのような動物がつくったものなどがある。[*2] しかし、こうした事例で述べられている善さは、自身とは別の種の成員との関係で評価される場合に生物に述語づけされる善さと同様、二次的な善さと呼びたいと思う。たとえば、土壌や天気の善さについて語ることができるのは、この善さの文法からすれば派生的な用法においてなのだが、それは、これらのものの善さが植物や動物やわれわれと関係しているからである。そして、われわれはこの二次的な善さという評価を生物にも、たとえば、われわれが望んだように育つお手本のような植物や、われわれが望んだような乗り具合の馬にも与えるし、同様に工作物の場合は、なぜ必要で、何のためになるのかということをもとに、しばしばそれに名前がつけられ評価される。これに対して、私の定義した「自然的な」善さは、生物そのものや、その部分や特性や働きに対してのみ帰属可能なものであるが、この善さはその生物種の「生の形（life form）」とその種の個体の関係に直接依存している点で、内在的あるいは「自立的」なのである。不毛の火星には自然的な善さはないし、その惑星上にある物体に二次的な善さが述語づけされるとしてもそれはわれわれ自身や他のどこかに存在する生物と関係する場合だけである。

アメーバと人間の細胞分裂

なぜ自然的な善さや欠陥は生物のみに帰属し、岩や嵐のようなわれわれのまわりの世界に存在するほかの対象には帰属しないかということを考える必要はもちろんある。いったい生物の何が、このように特別な仕方で善さを生物に帰属させることを可能にしているのだろうか？　あるいは逆に、たとえば多くの支流があるからこそ、川が高地から湖や海へと一定のかたちで自然に流れてゆくことが可能となっている場合に、それらの支流に自然的な善さを帰属させることができないのはなぜなのか？

ここまでの数段落で取り上げられた話題は、話そのものとしては面白いとしても、道徳哲学とはなんの関係もないと思われるかもしれない。しかし、これこそが私が問題にしたいことである。私の考えでは、植物や動物、そしてその部分や特性についての評価と、人間についての道徳的評価とのあいだには多くの違いがあるとはいえ、基礎的な論理の構造と身分を共有している。道徳的欠陥は、自然的欠陥の一形態であり、それは、合理性をもたない生物に見いだされる欠陥と、一般に考えられているほどには異ならないと主張したい。道徳的欠陥が自然的欠陥の一形態である点については、合理性をもたない生物に見いだされる「自然的な善さ」の議論を行なった後に論じるつもりである。

そこでまず人間以外の植物や動物に見いだされる自然的な善さを検討しよう。そのためにマイケル・トンプソンの称賛すべき論文の助けを借りることにしたい。

「生のあり方を描くこと」と題されたマイケル・トンプソンの論文の主題は、生き物の記述である。彼の主張は、個々の有機体を記述するいくつかの特徴的な仕方を理解するためには、その記述が、その個体の属する生物種の自然本性に論理的に依存していることを認めねばならないというテーゼにある。種依存ということが彼の中心思想である。そのため彼は、「S〔たち〕はFである（S's are F)」、あるいは「SというものはFである（The S is F)」という形式の命題に注目する（「S」にある生物種〈ないし「生の形」〉の名、「F」にある述語が入る。「生の形」が併記されるのは、「生物種」に専門的定義を与えることを望む人に対して、代わりに「生の形」と呼ぶ用意をトンプソンがしているためである）。つまり、典型的な文は「ウサギ〔たち〕は草食動物である」あるいは「ウサギというものは草食動物である」ということになる。彼は以下のような二組の文の論理形式を対比する。

SはFである　（ウサギ〔たち〕は草食動物である）

Sは V する（ウサギ〔たち〕は草を食べる）

N. N. はFである（ミセス・マフはウサギである）

N. N. はVしている（ミセス・マフは草を食べている）

彼は最初のふたつの文の論理形式の特有性を、エリザベス・アンスコムの初期の論文を参照して、それらの文が論理的に量化不能な点にあると指摘する。[*3] たとえば奇術師が妻に「そのウサギは具合が悪そうだ（The rabbit does not look well.）」と言う場合のように、同じ形式をした文が個々のものに言及する場合ももちろんあるが、前者のふたつの文の場合、個々のウサギについて述べてはいない。また、マイケル・トンプソンの対象としている命題は、「ネコ〔たち〕は四本足だが、ティブルス[1]には足が三本しかなかったようだ」のように、その生物種のすべての成員に述語づけられるようなたぐいの命題でもない。エリザベス・アンスコムのもともとの例は、人間の歯の数にかんするものであった。人間の歯は三十二本であるが、ほとんどの人間は何本かを失うし、一度も三十二本そろうことのない人もいる。「SというものはFである」という（このように理解された）命題が真であるならば、少なくともSの一部はFでなければならない、というのはもっともである。しかし、たとえそうだとしても、以上のような命題の主張することが「Sの一部はFである」ということに尽きないことは明らかだ。トンプソンはこうした文脈で、生の形あるいは生物種の「自然誌的説明（natural history account）」、つまりこの種の生物がいかなる生き方をしているかについて述べている。そして、個々の生き物の摂食や生殖といった「生命活動」も種に言及しないでは本当にそのように理解してよいかどうかを決定できないことを指摘して、個体の記述が種に依存していることを説明している。たとえば食べることは、栄養を摂取することと本質的・概念的に関連しているが、それは、物質を取り入れ、砕き、形質転換し、排出するといったことについて語ることとまったく同一であるわけではない。というのも、この過程がじっさいそのようになされたとしても、食べることの目的は組織の維持ではなく、スカンクの防衛のようなものかもしれないからである。細胞分裂はアメーバにも人間にも生じ、教科書ではひとつの同じ記述が与えられる。しかしながら、この分裂はアメーバにおいては個体の生殖という働きであるが、人間においてはそうではない。[*4]

トンプソンはまた、こうした命題のうちでなされている時間への言及の特殊性も指摘する。たとえば、ある動物は一年のうちのある時期に交尾をし、その数週間あるいは数カ月後に子や卵を産むとされている。しかし典型的には「これは、前後関係――「春に」「秋に」――の問題であり、……いまかその時かや……私が若かったときといった時点の問題ではない」[*5]。トンプソンが「アリストテレス的カテゴリー文（Aristotelian categoricals）」とも呼ぶ自然誌的な文は、任意の生物種の個体のライフサイクルについて述べている[*6]。それゆえある意味では、このライフサイクルが彼らのかかわっている時間幅である。ただし、別の意味では、より長い時間に言及することが必要とされる。なぜならわれわれは生殖について語らねばならないし、ひとつの個体の特徴によっては、何を同じ種の別の個体とみなしうるかを決定できないからである。

生殖については、何がその種の生き物の生殖であるかを確定できないという反論がありうるだろう。なぜなら、生物種それ自体が変化を受けるからである。これはもちろん重要な問題であり、アリストテレス的カテゴリー文は地域的条件に適応した亜種について考える必要があることを意味している。しかしながら、種の歴史はアリストテレス的カテゴリー文が扱う主題ではない。アリストテレス的カテゴリー文が扱う真理は、歴史上のある時点での生物種にかんする真理である。こうした命題が可能なのは、もっぱら、さまざまな生物種にみられる特徴が、少なくともそのもっとも一般的な特徴が比較的安定していることによる。アリストテレス的カテゴリー文が教えるのは、ある特定のときに、ある自然環境のもとで考えられている植物や動物が、どのように成長し、生命を維持し、自己防衛し、生殖するかである。ある特定の種の生き物の生のあり方について、自然誌的な説明を与えることができるのは、種の進化についての動画から「静止画像」を取り出せる場合にかぎられる。そして、この「自然誌的な説明」がある場合に限り、いまここにいる個体の「生のあり方の生き生きとした記述（vital description）」が可能となるのである。

さて、こうしたことが植物や動物についての規範的判断とどう関係しているのかを考えてみよう。

規範的判断とは、たとえば、「庭の植物が病気にかかっている」とか「庭の植物がちゃんと成長していない」と述べるとき、また「あのメスのライオンは子どもの世話のできない親である」とか「このウサギは普通のウサギより生殖能力が低い」といった判断である。トンプソンは、アリストテレス的カテゴリー文と価値評価との関係は非常に密接であると主張する。じっさい彼の言い方に従えば、もしSがFであるという内容の真なる自然誌的命題がある場合、ある個体S——その個体がいまここにあろうが時空的に離れていようが——がFでないということは、それがそうあるべき姿をしておらず、脆弱であったり病気であったり、あるいは何かしら別の点で欠陥があるということである。[*7] 価値評価は、論理的に異なる二種類の命題から成り立っている。

アオガラの頭はくすんでいてもいい？

このトンプソンの考えは基本的に正しいと思う。ただし、ここでの彼のアリストテレス的カテゴリー文の説明には埋められるべきギャップがあるとも思う。というのも、彼は個々の有機体の評価をもたらすような種類の命題を取り出すのに十分な議論をしてはいないからである。「自然誌的命題」について彼が述べていることは、誤解を招きかねないところがある。ある生物種の名である主語に述語を結びつけるさいに、私が目的論的とよびたいものと非目的論的なものとを彼は明確に区別していないからである。たとえば「アオガラは頭に青くて丸い斑点がひとつある」といった文を考えてみよう。この文は、表面的には「オスのクジャクは色鮮やかな尾をもつ」と似ているが、当然ある意味では異なっている。というのも、頭の色がアオガラの生のあり方においてどんな役割も果たしていないならば、この点でアオガラの頭の色はオスのクジャクの尾の色とは似ても似つかないものだからだ。私の庭にいるアオガラがくすんだ茶色の頭をしていても、そのことでそのアオガラに具合の悪いことは何もないだろう。つまり、特有性には欠陥となる場合とならない場合があるのである。では、こうしたふたつのタイプの命題はどのように区別されるのだろうか？　あるいはまた、風が吹いて葉が揺れることと、陽が照って花が開くこととは、どのように区別されなければならないのか？　日照によって花が香りを放ち色鮮やかになることで受粉が果たされるが、木の葉が風に揺れることは、その生のあり方においてどんな役割も果たしていないと述べるのは自然なことである。しかしそのときには、ある生物において「その生のあり方において役割を果たす」ということで何を意味しているのかを問わねばならない。この文脈で「その生のあり方」とされるのは何だろうか？　そして「役割を果たす」とはどういうことなのか？

ここで、生物についての目的論と「アリストテレス的カテゴリー文」のあいだにある、トンプソンが言及しつつも、きちんと探究してはいない特別の繋がりが浮かびあがってくる。アリストテレス的カテゴリー文とは、その生物の器官全体、あるいはその特性や部分のあり方のいずれかによって、その生物種の器官に一定の特徴が現れる仕方や一定のことがらが生じる仕方を語る命題である。

しかしここで、トンプソンを代弁するのではなく、私自身の立場を言わせてもらえば、アリストテレス的カテゴリー文と評価とのあいだの連関を明確にするためには、別の一手が必要である。つまり、植物や人間以外の動物においてこうしたことがらはすべて、直接的にであれ間接的にであれ、防衛や栄養摂取といった自己維持、あるいは巣作りなどのような個体の生殖と関係している。これが、アリストテレス的カテゴリー文が述べている種類の動物に特徴的な「その生のあり方」である。そして、この生において「役割を果たす」ものとは、その生と因果的そして目的論的に関係するもののことだ。つまり、植物で言えば、根をおろすことは栄養摂取と関係し、昆虫を惹きつけることは生殖と関係しているのである。*8

アリストテレス的カテゴリー文には、数の多寡に依存しない基盤が存在するという事実から始めよう。この基盤とは何か。アオガラとクジャクについて述べたさい、ある生物種にかんする一般的命題にはその種の生き物の目的論とかかわるものと、そうであるわけではないものがあると述べた。種クジャクにかんして、オスのクジャクは生殖期のあいだメスを惹きつけるために、鮮やかな尾を誇示するという内容のアリストテレス的カテゴリー文が存在する。尾の誇示はその目的を果たしている。こうした言語を目的言語（purposive language）と呼ぼう。しかしここで十分に注意してほしいことがある。ある個体Sが行なっていることがこの意味で目的である場合に、Sについて、それを行なっているからといってSがそれを目的としてもっているなどと言わないように注意しなければならない。植物は光を得るためにその方向へ成長するが、だからといって光を得ることが私のセイヨウスイカズラが試みていることだとか、それが「その目的」であると述べたりすれば空想的な話になる。渡り鳥が移動するのは南方の虫を捕食するためであるが、たとえ渡りという行動の目的・目標は捕食であると言いうるとしても、渡り鳥たちは捕食を目的や目標としてもっているのではない。[*9] 目的論的命題にとって決定的に重要なことは、「それは、その生物種Sに属するもののライフサイクルにおいてどんな役割を果たすのか?」という問いに対して答えうるかどうかである。この問いは、「その機能は何か?」とか「それにはどんな善さがあるのか?」と言い換えてもよい。[*10]

哲学者たちは、目的論的言語は、自然を神の意志の反映であるとする世界観の遺物であると考えて、目的論的言語を認めようとはしないことがある。[*11] しかし次のように述べるトンプソンは正しい。

自然目的論的判断は……自然誌のさまざまな要素を有機的に組織化しているといっていい。それは、そうした判断が、それぞれの種の生のさまざまな要素、側面、局面のあいだにある種々の依存関係を明確にしているからである。

それゆえ、……神の御心が、モノンガヒラ川の川辺でありあまるほど多くのピンクの毛皮を手に入れることを「もくろんで」その生の形をもったものをじっさいに生み出したのだとしても、そのことは、その形態の生のあり方を自然目的論的に記述することにかんしてはいかなる影響もおよぼさないであろう。[12]

それでは、量化不可能な形式のトンプソンの条件を満たすような目的論的命題の真理を決定するものは何か？　個々の植物や動物のあるべきあり方を決定するのは、それぞれの生物種に特有の生の形であるという事実から、われわれは出発している。アリストテレス的カテゴリー文は、その生物種のライフサイクルで生じることが「いかにしてそう生じるか（how）」を与える。あれこれの特性が何をなすか、その目的や要点は何か、その特性が働くふさわしい場合でのその機能は何か、といったことにかんする真理は、このライフサイクルに関係していなければならない。個体のあるべきあり方は、成長、自己維持、生殖に何が必要とされるかで決定される。必要とされることのなかには、多くの種にとっては防衛といったこと、いくつかの種では子育てといったことも含まれている。[13]

それゆえわれわれはこう言うことができる。すなわち、ある種類の生き物の成員――の一部やほとんどやすべて――にあてはまる単なる統計的な命題とアリストテレス的カテゴリー文を区別するものは、カテゴリー文はその生物種の目的論と関係するという事実である。アリストテレス的カテゴリー文は、それぞれの生息環境に属し順応した生物種に、摂食、成長、自己防衛といった生の機能がどのように生じるかについて、直接的あるいは間接的に述べている。これが、こうした文脈で根が成長することは重要であるが、葉が揺れて音を出すことは無関係であることの理由である。そしてこれが、なぜアリストテレス的カテゴリー文は統計的な正常値（normality）ではなく規範（norm）を記述することができるかの理由である。尾は色鮮やかであるべきだということがクジャクの生殖にとって重要なことであるのに対して、われわれの推測では、アオガラの頭の青は「アオガラの生のあり方」にどんな役割も果たしてはいない。そしてこのことが、あるものを欠いているということがそれ自体ある個体にとって欠陥であるのに対し、他のものを欠いていることはそうではないことの理由である。

それゆえ、個々の生物についての評価は、われわれの利益や欲求に結びつけることなしに、それ自体で可能である。ただし、ここでは二種類の命題の交差がなければならない。ひとつはアリストテレス的カテゴリー文（その生物種にかかわる生の形の記述）であり、もうひとつは、評価の対象である個々の個体についての命題である。

生き残っても欠陥のあるオオカミ

「善い」とか「悪い」といった評価が植物や動物の特性や働きに適用される事例を論じてきたが、ここで、その議論で明らかになってきたいくつかの点を確認しておこう。

（a）植物や動物には、おおよそ自己維持と生殖からなるライフサイクルが存在する。

（b）それぞれ生物種にはこのライフサイクルを達成するあり方を述べる命題群が存在する。たとえば、栄養摂取のあり方、成長のあり方、どんな防衛が可能か、生殖をどのように実現するかなどである。

（c）こうしたことから、さまざまな規範が導かれる。たとえば、シカには敏捷性、フクロウには暗視能力、オオカミには共同狩猟などを要求する規範である。

（d）当該の生物種の個々の成員にこれらの規範を適用することで、その成員（つまり、その個体）はあるべきあり方をしているとか、あるいは反対に、この個体にはこの点で何らかの欠陥があるなどと判断される。

以上の点にかかわる詳細については立ち入る必要はないだろう。しかし、ここでさらに述べておかねばならないのは、「何」がその生物種のライフサイクルなのか、そしてそれは「どのような」ライフサイクルなのかにかかわるアリストテレス的カテゴリー文が、歴史的な時空のさまざまな場面にいる個々の生き物についての規範的評価を下すさいの仕方についてである。

具体的な例として、シカは逃げることをその防衛形態とする動物であるというアリストテレス的カテゴリー文について考えてみよう。このことからわかるのは、シカにとって足が遅いことは欠陥であり、弱点であるということである。獰猛さやカモフラージュとは対照的に、敏捷性は捕食者から逃れるのに適した特性である。しかし、これについてはふたつの点で注意が必要である。第一に、シカにとって敏捷性はあくまでも生存に適しているにすぎないということである。状況によっては、この種の動物としては最速のものでさえ生き残るのに十分ではないこともあるだろう。さらに、ある捕食者からもっとも早く逃れるシカがまさに罠にかかるシカであるということもときとして起こりうる。[*14] 第二に何が卓越していて何が欠陥であるかは、その生物種の自然な生息環境との連関で考えられることになる。シカのような逃げる動物はうまく走れないならば、動物園にいるために、たまたま安泰で、防衛や食事、また生殖や子育てなどにかんしてどんな不利益もないとしても、うまく走れない点で欠陥があり、シカとしてあるべきあり方をしてはいないことになる。

ある種の動物の生の形を記述するさいに、さらに考えなければならないのは、彼らが協力して生きる点である。シカの敏捷性は、捕食者から逃れることで自身の生命を守るのに適している。また、フクロウという種の暗視能力は、そのフクロウが生き残り、子育てするためには、必要である。これに類する例は動物の生で枚挙にいとまがないが、しかし、「他者にかかわる（other-regarding）」善さや欠陥と呼べそうなものがあることも事実である。たとえば、どこに食べ物があるかを他のハチに教えるミツバチのダンスを考えてみよう。ダンスしない一匹のミツバチはその怠慢ゆえに何か害を被るということはおそらくない。しかし、ダンスしないというまさにその事実のゆえにそのハチには具合の悪いことがある。それはこのミツバチという生物種の生のあり方においてダンスが果たしている役割のゆえである。同様に、オオカミの生において協力は、その善を決めるものであり、ただ乗りしているオオカミはあるべき仕方で行動していない。こうした事実は、動物と人間の「生の形」の類似と相違を考えるさいに重要なことになるだろう。ピーター・ギーチは、その著書『徳』において、正義や慈善といった徳がもつ他者にかかわる側面を吟味して、「ミツバチが針を必要とするように、人は徳を必要とする」と述べた[*15]。ギーチの述べ方にはちょっとした混乱があり、私なら、ミツバチの生において針が果たすのと同じ不可欠な役割を、徳は人間の生において果たしていると言いたい。というのも、個々のミツバチについて、もしもっている針を使って刺さなければそのミツバチ自身が何か害を被るとでもいうかのように、ミツバチには「刺す必要がある」などと言うことはできないからである。同様に、お互いに毛繕いはするが、自分自身のはせず、また毛繕いしてもお返しがあるわけではない種類のサルを想像して、「こうしたサルは毛繕いすることを必要とする」と言うとすれば、それは混乱を招くだろう。そのように表現することは、毛繕いをする相手を見つけるまでは落ち着かないでいる、不安げな小さなサルたちの姿をイメージさせてしまいかねないからだ。

人間にとっての善さを知るためには

アリストテレス的カテゴリー文が植物や動物にかんしてとりうるさまざまな形式についての所見は以上にして、人間の欲求や利益とは独立に植物と動物の領域で存在する自然的な規範について明らかになったことを要約しよう。われわれは、この領域での自然的な善さと欠陥は、個体が属する生物種の生の形に本質的に依存していることを見てきた。柔軟性は葦《あし》にとっては善いが、オークには欠陥である（ラ・フォンテーヌの寓話では、風が激しく吹いたとき、いつも自分の頑丈さを自慢していたオークは葦に恥じ入ることになる）(2)。また、はじめてカメに出会った探検家が、そのスピードの欠如からカメを低く評価するならば、彼は誤っているだろう。生き物の強さや弱さは、たとえば岩の固さや柔らかさと同じ仕方では測れない。植物や動物における善さは、生物種、生、死、生殖、栄養摂取といった一般概念と、実を結ぶこと、食べること、逃げることといった、比較すれば一般的ではない——局所的と言ってもいい——観念の組み合わせのなかに棲まっている。さらにわれわれが気づくのは、こうした語の使用は生き物の領域で使用された場合は字義通りであるのに対して、その外ではその多くが空想的で詩的なものとなるということだ。またわれわれは、植物や動物を理解するためには、もともとの場所から言語が移動されなければならないとでもいうかのように、人間特有の生の記述に近づける必要もない。善悪といった概念を使って考えない火星人であっても、知的であるならば、（たとえ熱帯雨林に着陸し、人間について何も知らないとしても）地球上の植物や動物が特別な論理形式をもつ命題で記述されうることを理解し、新しく出会った生物についてわれわれがしているように、彼らも語るようになるだろう。彼らは、世界にはこうした異なった秩序をもつ事物が存在することを非常に興味深い存在論的事実として正しく理解し、自分たちが以前にはもっていなかった一群の概念を創造し用いることにもなるだろう。

人間における第一位的な善さについてこれまで何も述べてこなかったが、ここで次の点を確認しておきたい。つまり、人間の生にのみ属する性格、行為、意志などはさておき、人間の視覚や運動能力などにかんする善さがいかにして決定されるかを理解しようとするさい、そこには新たな出発以外の何ものも、つまり、どんなごまかしも――密輸入も――あってはならないということが私の計画にとって決定的に重要だ、ということだ。しかし、植物や動物の生の自然的な善さの記述においても、善さと欠陥にかんする「評価的」と呼ばれるのが自然であるような規範的判断について語ってきたことに注意しなければならない。「規範的」言語はこうした種類の語りとは異なると言う哲学者がいるなら、その人は、本当の規範は「支持されている」ものであると考えているのだろう。しかし、前章の議論ですでに、こういった言い方で何を意味しているか本当にわかっているのかどうかについて疑念があることは示したと思っている。[16] いずれにせよ、これまでわれわれが述べてきた規範は、自然界に属する事物にかんする事実を通じて説明されてきた。人間以外の生き物を評価するさいには、「善い」という言葉の使用は、「推奨」や他の「言語行為」を通じて説明されねばならないとか、心理学的状態の表出として説明されねばならないと考える必要はなかったのだ。本書の中心的なテーゼは、人間の善さと欠陥にかんする命題は――性格や行為の善にかかわるものですら――こうした心理学的術語を通じて理解されるべきではないということである。私の見解を説明するさいトンプソンが、私が悪を自然的な欠陥の一形態と見ていると述べていたのは正しい。だから私は、本書のタイトル(3)にそれに応じた言葉を使ったのである。*17

しかし、状況は私のテーゼに反するということをまず私は受け入れよう。というのも、善さの決定において植物や動物の場合と等価な論理的役割を果たすような人間の生の形などどうしてありえようと思えるからである。人間という種に特徴的な自然的な生の形が、あなたや私が何をすべきで、あるかを決定できるという考えには、たしかに反論があるだろう。私がどんな生物種に属しているかということは、私にとって重要なことだろうか?　この個別の人格である私自身が何をなすべきかを問うとき、人間という種を引き合いに出すことに対しては、個体性や創造性ということに基づいてわれわれはきっと反対するのではないだろうか?

私の最終的な課題は、人間の自由や個体性に基づくこうした抗議を検討することになるだろう。しかし当面次に見るべきは、人間の生に適用された場合、トンプソンの図式はどのように見えるかということである。

原注

＊1　これ以降、「動物」という言葉で人間以外の動物のことをさすこととする。

＊2　工作物は生物と同じ仕方で評価されたり、そうでない仕方で評価されたりするため、とりわけ興味深い。この問題は言及するにとどめる。Foot, 'Goodness and Choice' 参照。

＊3　Anscombe, 'Modern Moral Philosophy', *Collected Philosophical Papers*, iii. 38.

＊4　Thompson, 'The Representation of Life', 272-273.

＊5　Ibid. 282.

＊6　Ibid. 267.

＊7　Ibid. 295.

＊8　こうした因果性は必要条件であって十分条件でないことは明白である。自然がもたらす危険性や食物連鎖といった事実は、動物のほとんどの種の成員は、たとえ健康であってもそのほとんどが長く生きられそうにないということを意味している。

＊9　個々の動物について、それが何かを試みていると言いうる場合はきわめて稀である。おそらくは、たとえば閉じ込められた犬小屋から犬が出ようとする場合のように、ある「目的」を達成するために、その目的と密接に結びついた一連の行動を行なう何らかの手持ちの仕方がそなわっている場合だけであろう。

＊10　ここで用いている語「機能（function）」は、『オックスフォード哲学辞典』でサイモン・ブラックバーンが「ある有機体の特徴がもつ機能とは、その有機体の遺伝的な結果と進化に対して特徴が果たす役割としばしば定義される」（149-150）と述べている場合のような進化生物学で用いられる場合と混同してはならない。この意味で機能とされる特徴の例は、ドーキンスが「適応（adaptation）」と呼んだものである。この適応についてドーキンスは、「近似的には、「何かにとって善い」ある有機体の属性である」と、言葉の使用の歴史から定義している〔『延長された表現型』日高敏

隆ほか訳、紀伊國屋書店、一九八七年、五〇八頁。原文では「善い」である。〕。そうした文脈では、生物種は、それ自体が何百万年にもわたる生をもつ、徐々に成長する一回きりの有機体であるかのようにみなされ、そうした生物種のもつ善を語ることが有意味であると考えられている。おそらく、ひとつの生物種の絶滅は一種の死と考えられていて、それゆえあたかもひとつの悪のように想定されており、種の存続を「種にとっての善さ」として理解することを助長している。「機能」とか「善」といった言葉の専門用語としての使い方は日常的な用法と混同されやすいが、その意味は異なっている。生き物のある特徴が適応であると述べることは、その特徴を生物種の歴史のうちに位置づけることである。これに対して、生き物の特徴がある機能をもつと述べることは、その生物種にある時点で属する個体たちの生のうちでその特徴がある一定の場所をもつと述べることである。

*11 Thompson, 'The Representation of Life', 293–294. Lawrence, 'Reflection, Practice and Ethical Scepticism', section VI. 2 も参照せよ。

*12 Thompson, 'The Representation of Life', 294.

*13 ほとんどの場合、われわれは、その生物種の成員のそれぞれの個体が繁栄するために個体として必要なこと、する必要があることは何かについて語る。しかし、必要とされるものが、群れのなかでの協力やリーダーへの服従といった集団において必要とされることであることもあり、ある成員がどんなあり方をしているか、何をするかが、自身ではなく他の成員を益することもある。

*14 技のある射手が、〔まさに正確に射たために〕不意の突風で標的に命中しそこねるように。

*15 Geach, *The Virtues*, 17.

*16 第1章のブルックリンの政治屋は、不正なものに日々味方することこそ本当に難しいと述べたとき、自分が認めていた規範を「支持していた」のだろうか。

*17 Thompson, 'The Representation of Life', 296.

訳注

（1） ニュージーランドのスティーブン島に生息していた鳥類スティーブンイワサザイを絶滅させたといわれる灯台守の飼い猫。

（2） いつも頑丈さを自慢し、ちょっとした風で揺れてしまう葦を馬鹿にしていたが、大風が吹いて自分は根こそぎ倒れてしまうのに、葦はいつものように揺れていただけだったという話。ラ・フォンテーヌ『寓話』（上・下、今野一雄訳、岩波文庫、一九七二年）参照。

（3） 原題はNatural Goodness（自然的な善さ）である。

第3章
人間への適用

クジャクの羽根と花の「機能」

前章では、植物や動物の属性や働きを、われわれがそれらに何を望むか、他の生物種の成員がそれらをどう用いるかに関係なく、それ自体で評価することについて説明した。つまり、「自然的な」卓越性や欠陥と私が呼ぶものとのかかわりで論じた。私は善し悪しについて、つまりもっとも一般的な形式での評価について述べてきた。しかしそれだけでなく、たとえば、強さと弱さ、また健康と病という点で評価を考えることもできたし、また、個々の植物や動物があれやこれやの観点からそうあるのがいい、あるいはそうあるべきあり方をしているかどうかについて考えることもできたのである。

ここに見いだされる概念的なパターンを自然的規範性のパターンと呼ぼう。となると次の問題は、まず植物や動物から人間に目を移した場合、そしてさらに、人間の特性、働き全般の評価から意志の善さという特別な主題に目を移した場合にも、価値判断に同じ構造を見いだすことができるかどうかである。

人間の特徴や働きのすべてを、植物や動物のそれと同じ仕方で評価することができるという考えは、即座に反発を引き起こすかもしれない。というのも、これが可能だと述べることは、人間の善し悪しにかんするわれわれの判断のうちの少なくともいくつかは、人間の生の条件によって真偽が決定されることを意味するからである。そしてこの種の——おそらくは「単なる生物学的な」と漠然と考えられている——評価が可能であると認められるとしても、「道徳的評価」がこうしたものでありうるという可能性については懐疑が生ずるはずである。道徳哲学の主題について考えるさいには、われわれはまた再出発をする必要があるときっと論じられるだろう。しかし私の考えでは、これは真実の一部でしかない。再出発を主張する人がそれが真実だと思うのは、「道徳判断」で使用される「善い」といった語の中心的な意味は、賛成的態度や感情の表現と関係したり、あるいはまた推奨やコミットメントのような「発話行為」の遂行と関係したりすると考えるからである。しかし、いわゆる「道徳的文脈」での「善い」の意味をこのような仕方で説明しようとすることこそ、本書の第1章で批判してきたことである。このように論じるのは、「善い根」といった表現や「人間の意志の善い性向」といった表現の両方に登場する「善い」の意味にはなんら違いはないという考えにできるだけ耳を傾けてもらうためには、この先入観を取り除く必要があるからである。

私は、植物の根の評価と人間の行為や欲求の評価のあいだには、文脈と目的に特徴的な違いがあるということを、否定はしない。われわれは植物園の植物の根にも関心を向けるが、行為の善さに対する関心は生の選択、子どもの教育、社会政策の決定などと関係している。しかし、私の考えでは、「善い」という語が前者と後者で何か異なることを意味していなければならないという信念は、ここ半世紀にわたって分析哲学を支配してきた種類の倫理理論に由来する偏見にすぎない。

それゆえ、人間の意志における善や欠陥という主題に踏み込むにあたっては、新たな出発点のあり方について偏見をもたないようにしよう。人間は多くの仕方でより善いとかより悪いとか判断される。だからわれわれは、自然的規範性が一般にすべてに通じるものなのか、あるいは、われわれ自身のような合理的存在者の評価に移行したらただちにその図式を放棄せねばならないのかどうかを検討しなければならない。

この移行にはどんな類似点と相違点が見られるだろうか。主題の変化にともなって、評価される観点も増えるだろうが、それは人間の生がさらに多くの活動を含んでいるから、つまり、人間は数多くのさまざまなことをするからである。しかしながら、こうした多様性は、哲学者の観点からするとそれ自体としては興味深いものではない。なぜなら、哲学者は、生き物たちの世界のざわめきやはなやぎの細部よりも、評価の概念的構造を理解しようとしているからである。われわれが見いだしたいのは、たとえば家を建てる活動には巣をつくることと比べてどんな善さが存在するかではなく、こうした活動をするさいのどんな善さが、人間というわれわれの種がもつ生の様式および善と関係するかである。

それゆえ問題は、植物や動物の場合に見られる自然的規範性の図式に従った場合に、人間の諸特徴を、それらが人間の生において果たす役割との関係からどのように評価しうるかという点にある。このような評価を後押しするものとして、人間を含めたすべての生き物を評価するさいには、機能や目的といった相関的な概念からなるネットワークが見いだされるという事実がある。もちろん、植物や動物の特性や働きについて述べるさいに使用される「機能」や「目的」といった語の意味と、人間の特性や働きについて述べるさいのそれらの意味が異なっているということはありうるだろう。しかし、いずれの場合にも機能や目的という観念が関係するひとつの特別な形式の説明——目的論的説明——が存在するということは重要なことであるように思われる。

植物や動物にかんして、なぜそれらはそうしたことがらをするのか、そうした特徴をもつのかと問う場合、この働きをその生物種の生のあり方に位置づけることでわれわれは満足する。[*1] さらには、そこで論じられている概念を考察して、動物と植物の評価のあいだには、共通の意味や共有された論理構造がまったくないということになったら、われわれは驚くはずだ。評価に共通した構造は植物と動物とのあいだにある根本的な違いの影響を受けないように思われる。動物は、栄養摂取・自己防御・生殖のさいに知覚が大きな役割を果たしている点で、植物ときわめて異なる仕方で活動する。しかし、クジャクが羽根を広げることの機能について述べる文と、陽光で花が開くことの機能について述べる文のあいだで、「機能」という語が異なる意味をもつと考えるどんな理由もない。いくつかの補助概念に違いが見られるとしても、合理性をもたない世界全般についてのこうした説明の一般的構造は同一であるように思われる。たしかにたとえば、動物にかんする「なぜ」という問いは、欲求の観点からなされ、それゆえその動物が何を必要としているのかだけでなく、何を欲するか、さらに言えば何を「しようと試みているか」にかんする問いである。植物は欲望も欲求ももたない以上、その特徴や働きは、何を欲するかによっては説明されない。植物が「光を得ようと試みている」と述べることがあるが、これは言葉を空想的に用いた例と考えるべきだろう。とはいえ、すでに指摘したように、われわれは植物や動物のような異なる生き物において、同じ構造的な用法を、部分、特性、働きにかんする善さや欠陥に、また「機能」や「目的」といった術語や、「〜のために」「〜する目的で」といった表現にも見いだすのである。

生存を越える記憶の物語

しかしながら、合理性をもたない存在者から合理的存在者へと移行した場合に新たな評価理論が必要なのではないかという問いにかんしては、まだ答えが出ていない。個々の有機体の属性や働きの評価が位置づけられる概念構造にかんするマイケル・トンプソンの説明のように、植物や動物のライフサイクルが果たす役割を考えるなら必要なはずだ、と私を批判するものは言うだろう。というのも、こうした評価は、この種の生物にとっての善である生のパターンと、この種の特徴とのあいだの一般的な関係に基づいているからである。しかし、同じようにして、人間にとっての善を理解することがどのようにしたらできるのだろうか。植物や動物のライフサイクルは最終的には、成長、自己維持、生殖にかかわっている。人間の強さ弱さ、さらには徳や悪徳さえもがこうした「生物学的」サイクルとの関連で同定しうると本当に言おうとしているのだろうか。

この試みは、人間についての自然誌的説明を、単なる動物的な生を通じて説明しうると考える点で不適切な考えではあるが、きわめて重要で困難な課題を提示している。というのも、植物や動物の「自然的な善さ」を記述するさいわれわれは、その生き物にとってのさまざまな観点からみた善さ（goodness）とならんで、その生き物にとっての善（good）という観念にも、明示的ではないにせよさまざまな点で言及してきたのはたしかであり、そしてこのふたつは関連しているにもかかわらず、異なるものだからである。[1] これらの違いは、ある植物やある動物の利益になるとはどういうことかを考えれば理解されるだろう。たしかに、ある生き物が、自身がより善くなることで利益をえるということは非常によくあり、自然的な善さと利益——その利益が自身に向かうか、針を刺そうとしているミツバチの場合のように、ほかの仲間に向かうかは別として——のあいだには体系的連関がなくてはならない。しかしこれは、どちらの利益も個体が置かれている環境がどうであれ善さとなる、ということではない。先に見たように、狩猟者の罠にかかるのは、他を先んじるもっとも敏捷なシカであった。そして、庭師に針を刺すミツバチはふさわしい行動をしたことでかえって、巣の破壊をもたらすかもしれない。

個々の植物や動物がその生物にとっての善である生を生きていくことにじっさい成功するかどうかは、それ自身の資質だけでなく偶然にも左右される。しかし、その生物そのもののもつ善さと欠陥は、生存と生殖への自然的な（つまり、その生物種に一般的な）「戦略」と、その生物の生棲する環境との相互作用によって概念的に決定される。ある特徴や働きの善さは、植物や動物の世界における善の本質が生存と生殖にある以上、それらがその生物種の生存や生殖とどう関係するかによって概念的に決定されるのだ。「どのように」「なぜ」「なんのために」という問いはここで終わる。しかし、人間についていては、これが真でないことは明らかである。

生殖を例にとろう。生殖能力の欠如はある人間にとっては欠陥である。しかし、子をもたない、あるいは生殖さえ行なわないという選択は、だからといって欠陥的選択だということにはならない。なぜなら人間の善は、植物や動物の善と同じではないからである。子どもを産み育てることが、人間の生における最高の善というわけではない。というのも、たとえば仕事によって要請されることなど、善の別の側面がある人には家庭生活を断念する理由を与えるかもしれないからだ。また子どもをもつという（しばしば悩ましいものだとしても）偉大な善は、子どもへの両親の愛と願い、祖父母の特別な役割、そして動物の生にはそもそも属さない他の多くのことがらにかかわっている。

さらに、人間にとっては、生存という善自体も動物以上に複雑であり、われわれにもっとも近い動物と比べても複雑である。生きるという人間の欲求は、いうまでもなく本能的なものであるが、この欲求は未来が明るいというあてのない希望ともしばしば関係している。それぞれの人が自分の思い出や記憶に対して感じているかけがえのなさは、どれほど酷い状況におかれようともしがみついて手放そうとしないもののひとつである。言い換えれば、人が紡ぐこうした目的論的な物語は、生存そのものをも超越することがあるのだ。

人間にとっての善という観念は深刻な問題を孕んでいる。人間にとっての善は幸福と考えられがちであるが、これが真であるとされるためには多くのことが述べられる必要がある。これにかんしてはあとで述べることにして、ここではウィトゲンシュタインがいまわのきわに述べた有名な言葉を挙げておきたい。「私の人生は素晴らしいものだったと彼らに伝えてください」。この例は、善き生とは「幸福な生」だと言うことはできないことを教えてくれる。ウィトゲンシュタインの生は、あまりにも苦痛に満ち、また彼は生に対して自己批判的であったから、たしかに幸福な生であったとは言えないのである。

ハチが針を必要とするように

それゆえ、ある人間にとっての善き生という観念、またそれと幸福との関係にはそれぞれ深刻な問題がある。そしてさらに、人間とその文化にはきわめて多くの多様性が存在するので、自然的規範性という図式がはじめから当てはまらないように見えるかもしれない。にもかかわらず、人間の生のあらゆる多様性に対しても、人間にとって不可欠なことについてのかなり一般的な説明を与えることは可能である。つまり、人間として欠けていることという否定的な観念から出発すれば、人間にとっての善に何が一般的に必要とされるかについて説明することができる。というのも、そうすることで、人間にとっての善が植物はもちろん、動物でさえ必要としない多くの特性と能力に依存していることがただちに理解できるからである。たとえば、人間の言語を構成する無数の音を聞き分けることのできる聴力や、そうした無数の音を可能とする喉頭のような身体的属性がそうである。また人間は言語を学習するための心的能力を必要とする。さらには物語を理解し、歌や踊りを楽しむための——また冗談を笑えるための想像力を必要とする。こうしたものがなくても人間は生存し生殖するかもしれないが、そうした人間には欠けていることがある。それゆえ、ここで、植物や動物の生を論じるさいに使用した「自然的欠陥」という言葉を使って人間にありうる欠陥を主題として導入するのは、自然なことではないだろうか。

さらに、動物の場合と同様、欠陥にはその欠けていることがおもに欠陥あるその個人に向かう「自己反射的効果」がある欠陥もあれば、主として、あるいは少なくとも多くが直接的に他者に影響する欠陥もある。たとえば母性愛の欠如や、それぞれの人が他者の行為から利益を得ながら自身の行為で不利益を被る（一回限りの繰り返されない）「囚人のディレンマ」の事例について考えてみればいい。[*2] ディレンマの詳細をどう理解するにせよ、その解決方法はわれわれの思考のあり方がまさに人間的なあり方をしていることに依存する。われわれは「私は彼に借りがある」「私は自分の役割を果たさねばならない」と述べることができる言語のうちで行為する（たとえば、緊急時には自家用車を使用する必要がある可能性があることを理解しつつも、昨今では交通量を減らすために自家用車よりもバスを利用するといったことをわれわれは考える）。また、歌や式典のような協力して参加する必要のある人間的な楽しみも存在する。さらに人間社会は、社会生活で特別な役割を果たすとりわけて優れた才能をもった個人にも依存している。ある種の動物が見張りを必要とするように、あるいはゾウの群れが水飲み場に群れを導く年長のメスゾウを必要とするように、人間社会は指導者、探険家、芸術家を必要とする。彼らのみが——あるいは、彼らが誰よりも優れた仕方で——果たすことができることをする用意ができておらず、必要な場合にある特別な役割を果たせないとすれば、それはその人の欠陥となりうる。そしてまた、もしわれわれが、天才や、あるいは天才とは言えずとも特別な才能をもった人を支えようとしないなら、何か具合のおかしいところがわれわれにもあるのだ。

それゆえ、人間にとっての善——人間の善き生を構成する要素——の多様性にもかかわらず、善き人間の生という概念は、植物や動物の善さを決定する場合に繁栄という概念が果たすのと同じ役割を、人間の特性と働きの善さを決定するさいにも果たすことが可能である。これまでのところ、概念的構造には変化はないように思われる。今日特別な領域として語られる道徳性という評価においてさえ、この構造はふさわしくないと考える理由はない。この特別な領域——そしてより一般的に意志の善さの領域——にかんしては、続くふたつの章で詳細に論じる予定である。ただ、ハチが針を必要とするように人間は徳を必要とする、と述べたギーチの考えは正しかったかどうか問うならば（第2章参照）、間違いなく彼は正しかったのである。男性であれ女性であれ人間は目的に対して勤勉で忍耐強くある必要があるが、それは家に住み、服を着て自分自身を養うためだけでなく、愛や友情にかかわる人間的な目的を追求するためである。人びとは家族の繋がり、友情、隣人たちとの特別な関係を築く能力を必要とする。また行動規範を必要とする。忠誠心、公平さ、親切心、またある環境では従順さといった徳なしに、人びとはこうしたことがらを手にすることはできないのである。

なぜ人間には約束が必要か

では、なぜ徳のようなある性向の身分は、人間についてのまったく一般的な事実によって決まるという主張は驚くべきものなのか。この主張が成り立つかどうかを個別事例で見てみよう。そのためにここでは、ある人が約束やその他の契約を破ることで、悪い仕方で行為したということがいかにして示されうるのかを描いたエリザベス・アンスコムの論文を少し詳しく見ていくことにする。[*3]私が第1章で言及した「約束することとその正義」という論文で彼女は、人間にとっての善の多くが可能かどうかは、約束やその他の契約の本質をなす何かによってある人が別の人の意志を拘束できるかどうかによると述べる。これが正しいことは見て取れるだろう。時を経ず行なわれる直接的交換のもっとも原初的な段階を超えた財やサービスの交換はどれも、約束を守ることがその特徴的な形態のひとつである、暗黙のあるいは明示的な申し合わせが行なえるか否かに依存する。たとえば、若年者の親への長期的な依存や、自分たちが死んだ場合に子どもたちの将来を保証するという約束を信頼することができるということが親にとってどんな意味をもつかを考えるならば、どれほど多くの善が誠実さに左右されるかを見てとるのは容易い。もし人間が異なるあり方をしていて、ある種の心を操作する装置を使って未来に関与する他者の意志を縛ることができたならば、事態は違っていただろう。しかし、協力して狩りをしなくてはならない動物たちが、トラのように一匹で忍び寄り強襲して獲物を捕える能力をもっていないのと同じように、われわれはそうした力をもっていないのである。

アンスコムは人間のこうした無能力さを強調して、次のように問う。

あることを行なうよう人間にさせるどんな方法があるのだろうか。ちょっと押すことであなたはある男がつまずくようにすることができる。しかし押すことで、彼の手に手紙を書かせることやコンクリートを混ぜさせることをうまくすることはできない……。あなたは、あなたが望むことを彼にするよう命令することはできる。そして、あなたが権威をもっているならば、彼はあなたに従うだろう。また、彼があなたの命令を無視するか従うかに応じて彼を痛めつけたり助けたりする力をあなたがもっているならば、あるいはあなたの要求に応じるほどに彼があなたのことを愛しているならば、あなたは彼にさまざまなことをさせる方法をもっていることになる。しかしながら、人に何事かをさせるのに必要な権威をもっている人はほとんどいないし、自分自身を傷つけることなく他者を痛めつけたり助けたりする力をもっている人、自分が他者にさせる必要のあることを彼らにさせられるほどに他者からの愛情を意のままにできる人などほとんどいない。[*4]

アンスコムは、約束を破ることは、特殊な状況を除けば、悪しく行為することであるということを、こうした考察が示していると信じている。この証明が正しいかどうかは、人間にとっての善の諸要素を、人間という種の生物にできることとできないことにかんする物語とうまく結びつけているか否かに依存する。ここには、アンスコムが「アリストテレス的必然性」と呼んだものとトンプソンが「アリストテレス的カテゴリー文」と呼んだものとの相互作用を見てとれる。アリストテレス的必然性は、あることが善いか否かが、それに基づいて決まる不可欠さであり、戦時下のポスターが旅行しようとしている人に「あなたの旅行は本当に不可欠なことか」という問いを投げかけたのはそういう意味でだとアンスコムは指摘している。[*5] これと同じ意味で、人間が互いの意志を拘束することができることが、多くの環境で「不可欠なこと」だと彼女は述べる。しかし、この証明は、人間の自然誌的物語を決定するさいに非常に大きな役割を果たすことがあるのだが、人間がそのレパートリーとして何をもっていて何をもっていないかにも依存するのである。

これは、マイケル・トンプソンが植物や動物の善さや欠陥を論じるさいに用いた導出方法であり、もちろんのことながら彼は、自分がアンスコムに負っていることを強調している。トンプソンに従って私は、比較のために次のような植物の事例を出そう。オークの木の根をわれわれが評価して、オークの木の根にふさわしく太く深く張っているから、このオークの木は善い根をもっていると述べるとしよう。もしその根が細くて表面近くにしかなかったら、その木は悪い根をもっていたことになる。しかし、じっさいには太くて深く張っているから、それは善い根である。オークの木は地をはうツタのような植物とは異なって地表では生きられないため、まっすぐに立っている必要があり、それゆえそれらは高くがっしりした木である。したがってオークは太く深い根をもつ必要がある。もしそうでないならそれらには何か具合の悪い点があるのであり、このことから規範的命題が導出されるのである。オークにとっての善は、その個々の生殖的なライフサイクルであり、これに不可欠なものが、この場合のアリストテレス的必然性である。オークは葦のように風で曲がることはできない以上、あるべきあり方をしているオークとは太く深い根を張るオークである。

こうして、評価の導出の構造は、特定の木の根の評価においてであれ、特定の人間の行為の評価においてであれ変わらない。「善い」「悪い」といった語は、植物であろうが人間であろうが、その特徴について用いられる場合意味は異ならず、あらゆる生き物の事例でその自然的な善さと欠陥を判断するさいには、同じである。

誰も傷つけない約束を守ること

しかしながら、約束を守ることについてはもう少し述べる必要がある。というのも、その導出は功利主義的な傾向があると（誤ってはいるがもっともらしいこととして）考えられ、その結果、約束を破っても誰にも危害や迷惑を与える恐れのほとんどない稀な事例では、約束は道徳的な力をもたないという反論に開かれていると考えられるかもしれないからである。もちろん約束がそうしたものであるとすれば、それは承認されている制度としてはわれわれ自身の制度ほど有用ではなく、それゆえわれわれが手にし用いている制度に対する信頼を揺るがさないよう注意する必要があると言われえよう。しかし、このことは、次のような現実の生の例が示すように、論点の全体ではない。

クロポトキンの『ある革命家の思い出』に次のような話がある。高名な地理学者で人類学者のミクルーホ・マクラーイはマレー群島の未開人を研究するために一八七〇あるいは八〇年代にロシアを発つ。クロポトキンは述べる。

> すこしあとになってからマレー群島を旅行したとき、彼はけっして写真はとらないという特別の条件で、身辺の世話をさせるために一人の原地人を雇っていった。誰でも知っているように、原地人たちは写真にとられると、自分たちのなかのなにかがもっていかれてしまうと考えているのである。ある日のこと、その原地人がぐっすり眠っていたとき、人類学的な資料を集めていたマクラーイはその原地人の写真をとりたいという激しい欲望に駆られた。その原地人は彼の種族の典型的な代表であって、しかも写真をとられたことに絶対に気がつくはずがないと思うと、よけいとりたくなった。しかし、彼は自分の約束を思いだして、とうとうそれを思いとどまった。[*6]

この例は、個別状況で約束を破ることから生じる害と切り離して、約束を破ることの具合の悪さにかんする問題をわれわれにつきつける。マクラーイが、たとえ写真を撮ったとしてもどんな害ももたらさないと考えることは正当化されただろう。相手は深く傷ついたであろうか？　約束という制度が弱まっただろうか？　ここでは両方とも、まずなさそうである。原地人はぐっすり眠っていたし、写真はマクラーイがロシアに戻るまでは現像されることさえなかっただろう。約束が破られたことについて知る必要のある者は誰もいない。にもかかわらず、もしマクラーイが写真を撮ったなら、彼はたしかに悪い仕方で行為したことになっただろう。われわれはもちろん、多大な善が約束を破ることに左右されているので、彼がそうしたのは正しかったと言えるような状況を考えることはできる。しかし、クロポトキンの報告にそういったものは何もない。なぜ彼は約束を守るべきなのだろうか。ここに善と悪はどうかかわってくるのであろうか。

この問いに答える第一の試みとして、約束が他者に対する信頼と尊重の領域に属していることがあげられるかもしれない。マクラーイが原地人をだましたならば、それは深く軽蔑するに値することであったろう。とくに原地人は写真にとられないことを非常に重要なことと見なしているのだから。[*7] そして軽蔑に値することと信頼できないことは悪しき人間の性向である。人びとが互いに信頼しうるということは人間の共同体において重要であり、基礎的なレベルで人間が相互尊重をもつということはさらに重要である。それは、人びとが何をするかだけでなく、人びとがどのようであるかも重要だからである。[*8] 以上のことは当然述べられるはずのことであるが、これは単に、性向の有用性に訴えて、もうひとつの異なる形式の功利主義的擁護を導入したにすぎないように見えるかもしれない。[*9] とはいえ、こうした理論に好意的に言えば、尊重という点は無視するとしても、信頼に値することがいわば点いたり消えたりするという考えには困難があるということになる。

本書の議論により密接にかかわっているのは、エリザベス・アンスコムとマイケル・トンプソンの仕事に見られる図式においては、功利主義はそもそも出発することすらできないということに注目することである。というのも、他の帰結主義と同様功利主義はその基礎づけとして、何らかの仕方で行為の善さと事態の善さを結びつける命題を必要とするからである。[*10] しかし、自然的規範性の理論にはこうした基礎的命題が占める場所はない。植物や動物の特性や働きの自然的な善さと欠陥を判断するさい、どこで「善い事態」に訴えることができるだろうか？　トラの狩りをする能力を評価するさいにトラが生存しないよりは生存しているほうがより善い事態であるという命題から私は出発するのだろうか？　害を及ぼす蚊のような生物ではどうなるのだろうか？　彼らにも自然的規範性は当てはまるのである。

人間の行為の評価が合理性をもたない生物の世界での働きの評価と同じ概念的構造をもつと考える点で私が誤っているということを示しているにすぎないと論じることもできるだろう。というのも、こう問われようからである。どの事態がより善く、どの事態がより悪いかを判断できる人間が、より善い事態を生み出すことができるときに、より悪い事態を生むようなことを選ぶのは正しいことではありえないのではないだろうか？　彼らはより悪いものより、より善いものを常に選ばねばならないのではないか？　これに対して、できるかぎり善く行為すべきであるというのは間違いなく自明の理だと答えないわけにはいかない。また、目的がたとえば苦痛からの解放であったり正義が為されるのを見届けることであったりする場合、全体としてもっとも善い結果をもたらすのはどの行為だろうかという問いに応えるための場所があり、それが多くの場合道徳性の内部のどこかであるということも間違いない。事態にかんする善し悪しの命題をこのように用いるなら、マクラーイの約束にかんして、あるいはまた、拷問といったある種の行為はいついかなる場合でも常軌を逸しているといった考えにかんして生じるように思われる問題が生じることはない。われわれが誤りに向かうのは、善い事態にかんするある判断を帰結主義者たちがするように考える――すなわち、基礎づける役割を果たすとみなす――ときだけである。[*11] 善い事態、またより善い事態という考えは、他の生き物の働きや特徴の評価に属するものではないのと同様に、人間の行為の評価の基礎構造に属するものではない。これに反論するものがいるとすれば、彼らは第2章、あるいはオークの善さと欠陥について先ほど挙げた例に戻ることになるだろう。植物の繁栄という考えを描いた記述において、植物が生きていたら「善いもの」で、死んでいたら「悪いもの」であるという命題を私が表明していると考えているなら、それは馬鹿げたことである！

　しかしながらわれわれは、マクラーイが置かれていたような状況であっても、約束をじっさいに守るべきだったと彼が考えたことがなぜ正しいのかという問いの根本にまでは達していない。人間の自然的な善さは個々の行為のみならず性向や態度をも要求すると述べるだけでは十分でない。また、私の考えている自然的な善さを決定するさいに、全体として最善である事態といった考えがなんらかの役割を果たすということを否定しても十分ではない。というのも、学究的仕事でとりわけ必要とされる人間的な徳、たとえば真理への愛といったものも存在し、工夫をこらして粘り強く真理を追求することは研究者の義務だからである。そうだとすれば、マクラーイは、人類学的知識に貢献し、仮定により誰にも害を及ぼさないこの写真記録を積極的に手に入れるべきだったということになるのではないだろうか。こうした問題に対する解決のためには、約束にかんするアンスコムの考えのこれまで論じてこなかった論点を見る必要があると思う。それは、彼女が「禁止様相(stopping modal)」と呼んだ論点である。*12 私自身は、マクラーイが自分は原地人を写真に撮るべきではないと自らに述べたさい、彼の思考は人間たちが自分たちで発展させてきた特殊な言語装置に依存していたということを指摘する以上のことはできない。約束を守ることと、たとえば他者が期待していることを行なうこととを比較するとき、そうした言語装置の特別な本質の一部が明らかになる。人びとが互いの行動を予期できることはしばしば非常に有用であり、だから人は「善いことはこの予期できることにかかっている」と述べたり、人は予測可能な仕方で行動すべきだと考えたりもする。しかしこのことが真であるのは、歩行者が道路に飛び出して接近する車の運転手に急ハンドルを切らせる場合のように、深刻な害がじっさいに起こりそうな場合に限られる。こうした可能性の高い結果の場合以外に、予測できない仕方でふるまうことに反対する根拠はない。しかしながら、このことは約束を破ることには当てはまらない。約束をするさいには、人間は彼らの生をよりよいものにしていくために発明された特別な種類の道具を利用しているのであり、破っても無害であるからといって無効にはならない義務をその本質に含んでいる義務（絶対的なものではないとしても）を創り出しているのである。

　これまで私が行なってきたのは、前章で展開された植物や動物の働きと特性にかんする評価についての考えを人間に適用することである。そのために、まず、この適用がどれほどうまく行なえるかを、約束を破ることの具合の悪さにかんするエリザベス・アンスコムの議論から示した。そして、彼女の見解が功利主義の一形式と誤解されるかもしれないので、自然的な規範性の道徳理論が功利主義を含めた帰結主義とどれほど根本的に異なるかを説明した。

　本章全体では、利益という概念を導入することで出発したことが示しているように、個々のものの善さ（goodness）と対置される個々のものにとっての善（good）という考えについて検討するさい、人間にとっての善は、成長、自己維持、生殖というサイクルの成功をその本質とする植物や動物の世界の善とは異なるものとして認識されねばならないという考えに従って論じてきた。人間にとっての善はそれ独自（sui generis）のものである。にもかかわらず、私の考えでは、共通の概念的構造は維持されている。というのも、植物や動物の場合と同様、人間がこの善にどのように到達するかについても、「自然誌的物語」が存在するからだ。「人間は服をつくり家を建てる」には「鳥は羽根を成長させ巣をつくる」と同等の真理が存在する。しかし、同じことは「人間は行動規則を定め権利を承認する」といった植物や動物においては比較されるもののない命題についても言える。性格、性向、選択についての善さと欠陥を決定するために、われわれは人間にとっての善とは何であり、人間はどのように生きているのかを考察しなければならない。言い換えれば、人間とはどんな種類の生き物なのかを考察しなければならないのである。

原注

＊1　それゆえわれわれはこの問いを歴史的な問いとして解してはおらず、たとえば、ルース・ミリカンが「固有の機能」を *Language, Thought, and Other Biological Categories* 第一章で解釈したように、あるいは、進化論的生物学が「機能」を一般に解釈するようには解釈してはいない。デイヴィド・ウィギンズが *Needs, Values, Truth* 後記四（三五三頁）において述べているように、「われわれが本当に描く必要があるのは、道徳性は何になっているのかということであり、このことは進化論が光を当てることがまったくない問いである」。

＊2　「囚人のディレンマ」の議論にかんしてはデレク・パーフィット『理由と人格――非人格性の倫理へ』（森村進訳、勁草書房、一九九八年）第四章一一一－一五五頁、ゴティエ『合意による道徳』（小林公訳、木鐸社、一九九九年）を参照せよ。

＊3　もちろん彼女は約束を破ることはつねに悪いと主張しているのではなく、それが悪いときになぜ悪いのかを述べているのである。

＊4　Anscombe, 'On Promising and its Justice', *Collected Philosophical Papers*, iii. 18.

＊5　Ibid. 15.

＊6　P・クロポトキン『ある革命家の思い出』（高杉一郎訳、平凡社ライブラリー、二〇一一年）下巻、一三頁。

＊7　私は、ある行為が誰かの希望に反するという理由だけで悪いと主張しているのではない。部族の名前を公共の場で言及されることが自分たちを崩壊させることだと信じている部族について講義を行なうことが悪いとされる必要はない。カントが信じたように、欺瞞に対して常に反論があるわけではない。ロバート・アダムスが述べたと記憶しているが、本物らしいかつらを被ることは悪いことであるわけではない。

＊8　こうした主題が前面に出てきた点は、近年呼びおこされた徳に対する興味がもたらした偉大な功績のひとつである。徳はある仕方で行為する定着した性向以上のものである。寛容にかんする『コリント人への第一の手紙』第一三章を参照せよ。また、こうした主題の微妙さにかんしては、チャールズ二世が自身の虚栄のなさを称賛していることに見られる誤りというマコーレイの分析を参照せよ。というのも、マコーレイによれば、王は自分の仲間をどうにでもなる売り物と見ているから彼らの意見に無関心なのであって、虚栄を「超えている」のではなく、むしろその「下に」あるのである。Macaulay, *The History of England*, i. 135.

＊9　Robert Adams, 'Motive Utilitarianism' と比較せよ。

＊10　こうした構造にかんしては Amartya Sen, 'Utilitarianism and Welfarism', 464–465 を参照せよ。

＊11　それゆえ、私は普通の言いまわしを排したいと思っているわけではない。ただ概念枠組全体のうちで適切な場所を与えたいだけである。建築家が室内のアーチを支えるためだけの柱と建物そのものの重みを支える柱とを区別しなくてはならないように、哲学者は共通の形式をもつ語の構造的意義を誇張しすぎないよう注意しなければならない。

＊12　Anscombe, 'Rules, Rights, and Promises', *Collected Philosophical Papers*, i. 100–102. また 'On the Source of the Authority of the State', *Collected Philosophical Papers*, iii. 138–139 and 142–145.

訳注

（1） 人間以外の生き物にとって生存と生殖の実現が善（good）であり、この目的と概念的に連関しているが、必ずそれを実現するわけではないその生物種の優れたあり方が善さ（goodness）である。ただし、人間にとっての善（human good）はそれ独自であり、その候補とみなされる幸福にかんしてもその内容は一様ではない（第6章）。しかし、善と善さの概念的連関が保持されている点は人間においても同様である。

第4章
実践的合理性

悪党で善い人はいるか

前章で私は、植物や動物から人間へと移行しながら、これらの三種類の生き物に対するわれわれの評価には規範として同じパターンが見いだせることを指摘し、「自然的な善さ」を帰することについての概念的基礎だと私が信じていることを描いた。

ここで私は、一見したところ答えられそうにない反論に直面することとなる。それは、これまで語られてきたことが自分たちのふるまいになにがしか影響することになるのはなぜなのかを、理性的な生き物である人間は問うことができる、という反論である。つまり、まず、私が「自然的規範性」と呼んだ規範のあり方にかんするパターンが、人間を人間として評価するさいに、その評価をじっさいに左右していると想定してみよう。さらに、人間は、人を殺さないことや約束を守るといった人間にとっての善に必要なことをしなければ、人間として欠陥がある、と想定してみよう。すると、懐疑論者はきっと「しかし善き人間であるかどうかなどを私が気にしないとしたらどうか」と問うことになるだろう。

これはまじめに受けとるべき反論である。なぜなら、結局のところ、人間は理性的な存在だからである。われわれが、自らの行ないと教えられた行動規範とを批判的にみることができるということ、このことは、植物や動物の場合から人間の場合への移行において生じる大きな変化の一部をなしている。人間には、たとえば、約束を破るといった仕方で悪い行為をするか、あるいは守る理由などまったくない約束を守るといった仕方で不合理な行為をするかのいずれかを為さざるをえないことがときとしてあるという点で、そもそも欠陥があるという奇妙な可能性さえ生ずるように思われる。もしこのことが事実として信じられるとすれば、おそらく先の懐疑論者は、約束を破ったり人を殺したりするといった欠陥が人間にはあるということを論証しても、自分たちの立場には見当違いな批判だと勝ち誇って指摘するだろう。

これが、本章でとりくむ難問である。しかしながら私は、この問題を定式化するまさにその正確な仕方については異議を唱えないわけにはいかない。というのも、問題は、善き人間であることを目指す理由がわれわれにあるかどうかではなく、善き人間であれば目指すに違いないこと、たとえば、他人に対しては危害を加えず善いことをするとか信義を守るとかいったことを、われわれが目指す理由があるかどうかだからである。ここでの問題は徳の求めるものを行なうことの合理性にかかわっている。そしてこの問題は、私自身もそうであるのだが、道徳的評価にかんする客観説に立つ者にとっては、とりわけ難題であると思われてきたのである。道徳における客観主義に共感している哲学者のゲイリー・ワトソンは、この問題を私のような立場にとっての難問として、ふたつのかたちで提示している。

1　客観説は、悪党であることと善き人であることとは両立しないということを、本当に確かなこととして示せるのか？

2　それができたとして、客観説は、〔ある行為についての道徳的〕評価と、われわれが個人として行なう理由のあることがらとのあいだに、理解可能な結びつきがあるということを、確かなこととして示せるのか？[*1]

ひとつめの問いを、私は肯定的に受けいれる。すでに私は、ある人が悪党であることから強盗や殺人に手を染めるなら、その人は悪い——欠陥がある——人間であるという評価を下せるような根拠があると論じているからである。それゆえ私は、この問いには「そうである」と答え、ふたつめの問いに向かうとしよう。

とはいえ、はじめに私は以下の考え方について、もう少し述べておきたい。それは、人間は理由に基づいて行為できる点で合理的な生き物であるという考え方である。この考え方によれば、多くの点でわれわれと似ている高等動物でさえ理由に基づいて行為することはないから、合理的にも不合理にも行為をすることはできず、人間とはこの点で異なることになる。

草を食べにいくヒツジは目的をもつか

このように言うのは簡単だが、これが何を意味しているのかを説明するのはそれほど容易ではない。私の見解では、これを理解するには、この主題についてアクィナスが述べたことを考えるのが一番いいだろう。合理的選択が人間に可能であるということは、もちろん古来より称えられてきたことである。アリストテレスは、ロゴス（logos）あるいは「理にかなった原理」に基づいた選択という考え方を説明するのに多くの時間を割いている。[*2] アクィナスはアリストテレスの議論をよく援用するが、ここでもアリストテレスに従って、このことを動物と人間とを対比させながら説明している。彼が言うには、動物は、小さい子どもと同様に、選択（electio）を行使することはない。しかしこのことで彼は何を意味しているのだろうか。草を食べるために牧草地のある場所に移動するヒツジは、ある場所の草よりも別の場所の草を選んではいないだろうか？　アクィナスはこの例を検討し、動物のそうした動きは一方ではなく他方への「欲求傾向」を示す限りにおいて「選択に与《あずか》る」ということを認めている。[*3] それどころかアクィナスは、動物には植物にはない感覚知覚があるので、動物たちは自分が行なっていることを、その感知把握された目的のために（propter finem）行なうことがありうると強調してさえいる。それにもかかわらずアクィナスは、動物はある目的のために何かをするさいに、その目的を目的として感知把握することはできない（non cognoscunt rationem finis）と主張している。動物にも可能な「自発的な関与」にとってさえ、ある種の知識は必要である。しかしながら、アクィナスはこう言っている。「目的についての完全な知は、目的であるところのものを感知把握することだけではなく、それを目的という相のもとで知り、しかもその目的への手段の関係を知ることにも依拠しているのである（sed etiam cognoscitur ratio finis, et proportio ejus quod ordinatur ad finem ipsum）」[1]。そして同様に彼は、動物が、人間がもつのと同じように目的手段関係についての知識をもつことを否定する。〔たしかに、〕ある意味では動物もそうした知識をもっていると言いうる。動物たちは、何かを得ようとしてそれとは別のものに向かうからである。しかしこの場合でもアクィナスは、目的手段関係について人間がもつような種類の知識を動物はもってはいないと言うのである[*4]。

ここには興味深く重要な何かがある。しかし、アクィナスは正確なところ何を言わんとしているのか？　目的を目的としては知っていないとか、手段をその目的に対する手段としては知っていないと語ることで何を意味しているのか？　結局のところ、人間は、自分たちの狙いの的となるものを何か独特な仕方で輝くものとして見ているということはない。〔あの有名なランドマークである

「HOLLYWOOD」という〕ハリウッドサインのように、目的（End）が〔それとわかるように大文字の〕「E」付きで示されているわけではないのである。先のような言い方は、動物はただ食べ物を見て、それを食べようとして移動するだけなのに対して、人間の目にはそれ以上の性質が見えていると言うようなものではないか。われわれは次のように考えがちである。つまり、われわれが動物と共有している感知把握するという働きを超えた「それ以上のもの」とは、「心的な」何か、つまり「心のうちにある」何かであり、あらゆる行為や追及に伴うものでなければならないと。しかしもちろん、こうした仕方で何かが伴うという考えは、ウィトゲンシュタインが心についての彼の著作において幾度となく暴きだしたたぐいの考案物でしかない。[*5]「目的を目的として見ること」が心に属することであるとしても、それはそこで生じているような仕方であるのではない。ロック的な内観によって、それ以上の何か――理（ratio）や目的や目的手段関係に対する気づき――を見いだすといったことを期待してはならない。[*6]むしろ問うべきなのは、ウィトゲンシュタインが教えてくれたように、われわれを困惑させる考え方が位置づけられる広い文脈である。ほかの場合と同じく「内的なもの（the inner）」はここでも、公的な誰にも見える規準を必要としている。だから、目的を目的として見るという人間の気づきが見いだされる状況について、行為だけでなく語りにももちろん注意しながら、問うべきなのである。

活動するということは重要である。われわれは、たとえば成長期の子どもについて、その活動を通じて〈目的をもつ〉とか〈その目的を成就するために別の何か手段となるものを見つける〉といった考え方が、いまやその子には備わっているのだ、と言うことになる。しかし、動物と人間との線引きをするに当たっては、「語り」が決定的に重要となる。動物が何を求めているかは、その動物がしていることによってしかわからない。しかし、成長期の子どもは成長するにつれ、それをわれわれに告げるようになる。さらに、その子どもは、もっとも精妙な「動物の言語」においても対応するもののない言語形態を備えた言語を習得する。しだいに子どもは、自分の欲するものを得るためだけでなく、自分が何をしようとしているかを語るためにも言葉を使うようになる。そしてさらに、選択肢について話し合ったり行為を説明し正当化し推奨したりする独特の言い回しを理解して使うようになる。われわれの言語使用のこうしたあり方は、多くの場合、さまざまな行為の網の目のなかに、ありふれた仕方で登場する。こうした使用を見ているからわれわれは、隠された心的「領域」をたてなくとも、目的や手段が「われわれの心のうちに」あると言えるのである。特定の選択肢の賛否についてある人の考えたことを当然のようにその人に問うのは、訊けば答えてくれるからである。そして、彼自身も議論を通じて「だからこうしよう」という結論を得ることができる。合理的な根拠に基づいて選択することができるのは人間だけであり、他のどの動物もそうすることはできないとわれわれが主張するのは、人間の行為とはそうした状況におけることであり、それゆえまた究極的には、動物の生には対応するもののない言語を人間が使っているからなのである。[*7]

こうして、動物と小さい子どもについて、目的をもつことはできるが目的を目的として見ることはできないとアクィナスが論じていることは、十分理解できるし、受け入れることができるように思われる。同じことは善と見なされることについても言える。というのも、動物は彼らが見た(that they see) 善いものに向かうが、人間は自分が善いとした善いもの (what they see as good) に向かうと言えるからである。たとえば、食料は、動物たちにとっては見れば向かってゆく善いものだが、人間にとっては善いとすることのできる善いものである。それだから、動物については「より善いほうを知りながらより悪い方を選ぶ」とは言えないが、人間についてはそうした記述が意味をなすのである。たしかにわれわれは、動物についても、たとえば飢えと恐怖に引き裂かれて躊躇している、と表現することもできる。しかし、動物の行動のなかには、その動物は一方の選択肢が他方より善いと見てとったが、その行動は考えと合致しなかった、とわれわれが言いたくなるようなものは何もないのである！　アクラシア（抑制のなさ、いわゆる意志の弱さ）の問題というのは、われわれのような合理的な存在にのみ適用される記述とのかかわりで生ずる問題なのである。

それゆえ、もっとも知能の高い動物でさえ、人間とはこうした大きな違いがあるという事実から始めることとしよう。人間には、あらゆる種類のものごとにかんしてあれこれと理屈をこねる力があるだけでなく、他の仕方と比較して特定の仕方で行為することの根拠を見てとる力がある。だから、あれではなくてこれをすべきだと言われると、なぜこれをすべきなのかと問うことができる。

子どもも、かなり早い段階で、命令とは違って「べし」には根拠が要るということを学ぶ。命令は、ただくりかえされたり脅しで強要されたりしても成立しうることである。*8

病気を治すことと借金を返すことの選択

私が思うには、男であれ女であれ、人間は行為する理由を問うことができるという事実のために、植物や動物についての「自然な」あるいは「自立した」評価と、人間としての人間についての同じような評価を比較することは、一見するとかなり不適切なものと思われることになった。合理的動物としての人間は「なぜ私はそれをすべきなのか?」と問うことがあるが、このように問うのはとりわけ、自分自身よりも他人にとって有益になると思われるような嫌なことをするようにと言われたときである。ところで哲学者は、一人の人間としては約束は守るし借金は返す尊敬に値する人物であったとしても、そうした問いを限界まで問うことに誇りを覚える輩である。となると、そうした哲学者は、ハチやオオカミにおける自然的な善さと人間における自然的な善さとは、私の論じたような仕方で似ていないとするか、そうでなければ、善い人間がすることをする理由を与えてくれるように求めながらも、似ているという事実には実践的な意味はないとして退けるか、そのいずれかを取らなければならないことになるのだろうか?

この挑戦に応えるために本章で私は、実践的合理性についての議論に乗り出し、行為の理由の自然本性と起源を問いたいと思う。

何よりもまず、ある行為者について、その人のすべきことが何なのかを述べる言明と、その人が為す理由のある行為は何なのかを述べる言明とのあいだにあるかなり複雑な概念的連関を整理する必要がある。そこで、実践的な「べし（shoulds）」〔言明〕および理由言明が現れるさまざまなタイプの命題を分ける必要が生ずるが、そのさい、ドナルド・デイヴィドソンによって周知のものとなった区別を用いて線引きすることができよう。つまり、次のふたつのあいだの区別である。

（1）ある考慮要因との〔相対的な〕関係でNがすべきこと
（2）「すべてを考慮して（all things considered / a.t.c.）」Nがすべきこと[*9]

ある要因との関係でNがすべきことを語るさい、次のような文脈が考えられるだろう。ある日の午後、Nは借り越しにならないために売り上げを口座に入金しなければならないが、運の悪いことに、インフルエンザっぽい嫌な風邪をひいている。そこで彼はこう思案する。

（1）このお金を入金する必要があるから、私は出かけるべきだ。
（2）しかし、風邪を治す必要があるから、私は家にいるべきだ。

ここで、風邪を治すことと借り越しを回避することの両方をすることができないとすると、われわれは彼に「私は出かけるべきだ」と言わせ、同時に「私は出かけるべきでない」とも言わせることになる。[*10] しかし、デイヴィドソンが指摘したように、ふたつの「べし」が別々の要因と関係しているとするなら、ここにはなんら矛盾はない。Nには出かける理由と出かけない理由がある。(1)も(2)も、何をするのが合理的であるのかについての最終的ないし評決的な「べし」言明を提示してはいない。たとえば外出よりも在宅のほうを支持する、より強い理由があるかもしれない。あるいは、単にどちらかにえいやとばかりに決めなければならないこともあるかもしれない。

すべてを考慮したうえですべきことがある場合、数ある元々の「べし」言明のうち、善さの点で劣る選択肢を勧めていた「べし」言明を、われわれは、すべてを考慮に入れた判断と対比して、「一応の「べし」」だと言うこともできる。しかし、以下の理由から、私はこの言い方を好まない。Φをするひとつの理由を与えるだけの「べし」言明であっても、「べし」言明はみな、「それがΦをする理由であるとなぜ考えたのか」という問いに答えるさいに提出できる何かしらの要因(ないし要因群)に基づいていなければならない。(いずれにせよ、われわれは相対的な関係にしかない「べし」であっても何もないところからただ魔法のように引き出しているわけではないし、理由が何かあることを「とにかくわかれ」と言い張って言い抜けることは許されないからである。)ここでの私のポイントは、こうした考慮要因（理由を与える考慮要因と呼ぼう）は、それ自体としては、阻却可能な仕方でのみ行為の理由を与えうるということである。たとえば、ある男性が私の父であるという要因は、彼の老後の世話をする理由が私にはあるという命題の証拠とされよう。ある人の子であるという事実が通常そうした理由を与えることは疑いないし、家族関係においては、この相対的な「べし」を視野に入れたうえで、すべてを考慮した場合には何をするべきか苦悩することはよくある。ここで、この男が私の父であるのは私の母を強姦したからであり、さらに、この男は私の母にいかなる支援もしてこなかったと想定してみよう。その男が、私には彼を助ける何らかの理由があると言うとしたら、それはちょっとひどすぎるのではないだろうか。その男が私の父であるという事実は、私には、助ける理由があると言うことの一応の根拠となってはいるが、状況全体を視野に入れれば、そんな「べし」などじっさいにはまったくない。それは、どうするのか思案するさいに考慮されねばならないことですらなかったのである。

　それゆえ、この場合には、私は「一応の「べし」」と記述するが、風邪の治療と借り越しの回避についての先の例の「べし」を相対的な「べし」と呼ぶことにしたい。しかしながら、「すべてを考慮すると、ＮはΦをすべきである」という判断についても考えるべきことがある。そこで、この例に、Ｎは自分の体温が三九度四分であることを知ったという事実を付け加えてみよう。間違いなくＮは風邪をひいており、無理して外出したら病状が深刻になる恐れがある。こうした状況では、唯一の合理的なことは家に留まることである。銀行口座が借り越し状態になることによる不便さは、かなり面倒だということでしかない。彼は家に留まるべきなのである。そうすることが合理的なのである。借り越したら面倒だと彼は言うかもしれないが、それは運が悪かったというだけのことである。それは大変残念なことではある。しかし、彼が家に留まるならば、彼は（最終的な「べし」の意味で）行為すべきであったように行為しているのであり、そうすることで彼は悪い行為をしてはいない。他方で、こうした状況で彼が出かけたならば、かなり悪い行為、つまり、無分別な行為をしたことになるだろう。とはいえ、そうすることが正しいことになるような別の要素を加えることもできよう。たとえば、事故を未然に防げるかどうかが、彼がベッドから起きるかどうかに掛かっている場合である。しかしこうした新しい条件がなければ、先の事例において、われわれは他のすべてに優越する、つまり最終的な「べし」をえたことになる。

ここで、この最終的な「べし」の含意を見ていくこととしよう。最終的な「べし」命題には、その「べし」命題のなかで名指された行為をする理由が行為者にあったということが含意されている。しかし、このことは相対的な「べし」命題にも含意されていたことである。（彼には、ベッドで横になっている理由だけでなく、銀行に行く理由もあったのである。）すべてを考慮に入れたうえでの「べし」、あるいは、最終的な「べし」にとりわけ特徴的なことは、この「べし」が実践的合理性と概念的なつながりをもっていることである。このことは、体温が三九度四分あるならば唯一の合理的な行為は家に留まることだと述べたときに示されていたことである。このことのもつ帰結は重要である。というのも、Φすることが唯一の合理的な行為である場合にΦしない人の行為は、まさにそれゆえに欠陥があるからである。彼は非合理的に行為していると言うか、それとも「実践的合理性に反した仕方で行為している」と言うかは問題ではない。いずれにせよ、彼は善く行為してはいないということが含意されているのである。

利益と欲求から考えられた道徳性

ゲイリー・ワトソンの挑戦[2]に応える場合に対処しなければならないのは、この「べし」である。というのも、彼の問いは——行為の理由を示すという言い方がされているが——実践的合理性にかんする問いだったからである。それゆえここで私は、多くの手厳しい批判を（正当なことにも）受けた私の昔の論文に立ち返ってみたい。「仮言命法の体系としての道徳性」という論文で私は、道徳的な行為の合理性についての問題は、道徳的判断がカント的な定言命法と似ていることを示すことでは解決されないと指摘した。それは、解決されるとする人たちが道徳的判断の真理性は行為者の欲求や利益に依拠していないことを根拠としていたからであった。というのも、これと同じ独立性は、定言命法のような身分をもつとは考えられたことのなかった命題にもあるからである。たとえば、クラブの規則をあれこれと述べた命題などである。クラブのメンバーは、これをすべきでないとかあれをすべきでないと指示される。こうした場合に、彼は、それは自分にはどうでもいいことだと言って拒むことはできない。しかしながら、語られていることが不変の真理だからといって、規則が指示するように行為する理由があるとは限らない。『カラマーゾフの兄弟』のなかでドストエフスキーは、若い頃ゾシマ師が謝罪することで決闘を避けた次第を語っている。決闘の最中に謝罪することは規則違反だと叫んだ介添人に、ゾシマ師はこう答えたのである。

「みなさん、男が自分の愚かさに気づき、自分がした過ちを公衆の前で謝罪するなどということは、そんなにめずらしいことでしょうか？」

「決闘の場ではないことだ」と介添人はまた叫んだ。[*11]

こうした例をあげた私の狙いは、道徳的な行為の合理性はこれらの例の「べし」が行為者の利益や欲求から独立しているという事実によっては、いずれにせよ確立されることはないという点にあった。そこで私は、そうではないということが示されない限り、道徳的行為に実践的合理性を与えることができるのは利益や欲求だけであると言うべきだと（頑なに）論じたのである。

道徳性とはじつは仮言命法の体系であるという考え方はどう見ても飲み込みにくい考え方であるにもかかわらず、束の間とはいえ、なぜ私はそれを受け入れてしまったのだろうか？　私がそう思ってしまったのは、欲求や利益から独立した実践的合理性を示すことはきわめて困難なことであるからである。しかし、われわれはいまこう問うてみるのがよい。これら個々の論証やそうした論証の巧みな応用だけが、カント的な考え方に満足できなかったわれわれのあいだで検討に値する唯一の代案だと思われたのはなぜか？　欲求と利益が候補として挙がりつづけたのはなぜなのか？　これらが多くの人を惹きつけたのは、以下のふたつの要素の組み合わせによると思う。

第一に、欲求と利益は、どちらも理由を与える真性の要素でありうるということである。タージ・マハルを見たいという欲求は、適切な状況のもとでは、インド旅行の計画を立て、旅行代理店に足を運ぶことを合理的なものにする。また同様に、煙草は発がん性であるという知識は、禁煙することはその人にとって利益であると示すことで、禁煙を合理化する。[*12]

第二に、これらにはそれぞれ人間の行為を説明する特別な、そしておそらくほかに類をみない力があると多くの哲学者に思われたことである。そういう力があるという考えは、哲学者たちの幻想に過ぎないと私は思っていたし、いまでもそう思っている。なぜなら、最終的には、行為はさまざまな原因によって説明されるからである。たとえば、（a）習慣、（b）他人の行為を模倣する傾向性、（c）いま現在しようとしていることを初めてしたときに何かしら重要であったこと、（d）その行為が別の行為の代わりとなっているという事実、さらには（e）後催眠暗示といった極端なものもある。良心という要素では行為を説明できないというのは本当だろうか？　自らの行為の説明として、正不正にかんする考えを挙げる人もいる。それが本当の説明であることもあるだろう。眠っているマレー群島の原地人の写真を撮らないことにしたというマクラーイの決心の話をしたとき（第3章を見よ）、クロポトキンが念頭においていたのはそうしたことだった。そこで率直に言えば、良心にしたがって行為しているということが、ある人の行為の本当の説明であるためには、信念と「意欲的状態」からなる特別な鋳型に当てはめなければならないと想定する理由は何ひとつない。もちろん何なら、このようにして説明される行為をする人は「正しいことをしたがっている」のだと言ってもいい。しかしそこでわれわれがしているのは、行為者の意図を「〜したがっている」という言葉を使って表現しているだけであり、この説明が先のお気に入りの鋳型に合っていることを示しているわけではない。

クインによる説明の反転

こうして、ここでの問題は、ある行為が正不正にかんする信念によって説明されることを示すことではなく、そうした種類の信念がその行為をしたりしなかったりする理由を、行為者に与えるということを示すことである。[*13] 不正なことをする人は、そうすることによって、理由に反した仕方で行為していることになるのか？　行為を合理化する要因のリストに、正不正についての要因も加えるのがよいのか？　第1章で私はたしかにそのように追加できると述べた。というのも、悪く行為する人は、まさにそうすることによって、実践理性に反した仕方で行為しているからである。これはワレン・クインが提案した見解であり、私はここでこれを支持する議論をして、その帰結を考えたい。

クインは、「合理性と人間の善さ」という論文で実践的合理性についてのある見解を攻撃している。彼はこの見解を「新ヒューム主義」と呼び、それを「誤情報や希望的観測といったものによる影響を適切に修正したうえで、行為者の欲求と選好を最大限充足することを実践理性の目標とする見解」と定義している。[*14] クインは、この説明によれば、実践理性は手段目的連関だけにかかわることとなり、それゆえまた、行為者の目的の汚さや醜さに無関心になるだろうと指摘している。そして論文の決定的な一文でクインはこう問うた。このようなものだとしたら実践的合理性の何が重要だというのか？　最終的には彼は、実践的合理性は最上位の徳という身分をもつという、われわれが当然視していてほとんど気づかない前提を指摘しているのだが、それは、新ヒューム主義的説明が真であると考えつづけることはできないということを示すためであった。これはすばらしく独創的できわめて重要な指摘だと私には思われたので、私は次のように自問することになった。つまり、実践的合理性にこうした概念的制約がじっさいにあるなら、なぜ、その場合、実践的合理性についての独立した考え方があり、この考え方と道徳的な善さについての要請が何らかの仕方で調和していることが示されねばならないと想定すべきなのかと。[*15] クインは、われわれがみな荷車のうしろに馬を繋ごうとして苦闘しているのを見て「反対にしてみなよ」と提案しているように私には思えたのである。

　こう考えることは、「仮言命法の体系としての道徳性」のなかで私自身が提示し、同時に応えられないと諦めていた課題への応答になるといま私は思う。つまりその課題は、欲求や自己利益に反していたとしても、道徳性の要求に基づいて行為することが合理的だということを示すことであった。この課題に応えるためには、クインが示唆した方向に舵を切る必要がある。つまり、善さを、実践的合理性の必要条件のひとつを定めるものとし、それゆえまた、実践的合理性そのものの一部である決定要因とすることである。[*16] これはとくに珍しい議論の仕方ではない。行為の理由にかんする「現在の欲求」理論を拒絶したいという気持ちをわれわれの多くはもっている。つまらない快楽のために将来の健康を自覚的に危険にさらす人は愚かな行動をしており、それゆえよくないとわれわれは考えているからだ。彼の意志を欠陥のあるものと見るから、それゆえ彼はすべきではない理由のあることをしていると言うのである。「理由」として想定されたことを、行為の理由にかんする「現在の欲求」理論という、予め正しいとされた理論に適合させることができないので、われわれは、その行動が本当に愚かな行動なのかと問うかわりに、そうした評価に固執し、それに基づいて理由についての理論を作ることになった。だがこうした理論こそは、私がここで問題にしている議論の方向についての想定を一般化したものである。というのも、われわれはこう問うことになるからだ。つまり、いったい思慮深さにどんな特別さがあって、さまざまな徳のなかで思慮深さのみが、実践的合理性とそうした仕方で関係していると考えるのが理に適っているとされるのか?

懐疑論者に答える

これまでの論点を念頭におきながら、ゲイリー・ワトソンの挑戦に戻ろう。彼の挑戦は、道徳的判断についての客観説を(私もそうであるのだが)主張する人たちに向けられていた。以下のふたつの項目に沿って、理由一般について語ることから始めるのがよいだろう。

(A) 行為する理由。実践的理由と呼んでもいい。
(B) 信じる理由。証拠的ないし論証的理由と呼んでもいい。

哲学者として、それゆえまた理論家としてのわれわれの仕事はもちろん、たとえば、人格の同一性や外的世界の存在といった特別な問題についてのさまざまな命題の真理を論証したり反証したりすることで、第二のタイプの理由を与えることである。しかし、これら多くの「哲学的な」主題のなかには、実践的理由の自然本性という主題があることを見いだし、この特種な主題においては、われわれはタイプAの理由にかんするテーゼを主張するために、タイプBの理由を与えねばならなくなった（クインの論文においてそうであったように、このことは本章で行なってきたことである）。本書一〇五頁で描いた挑戦をゲイリー・ワトソンが提出したとき、彼はここで扱われている問いを提出していたのである。なぜなら、彼は、道徳的な善さについての客観説に基づいて、道徳的な善さと行為の理由のあいだに「内的連関」を確立することができるのかどうかを知りたがっていたからである。ここ数頁での私の議論は、そうした連関があることを示そうとしていた。

これまで、本書の第1章から第3章で、さまざまな植物や動物、さらには人間における自然的な善さと自然的な悪さにかんするさまざまな命題を信じる理由を提出してきた。たとえば、地表にひょろひょろと根をさらしているオークの木には欠陥があると評価されるべきだと信じる理由を挙げた。そして人間の場合に話を移し、眠っているマレー群島の原地人の写真を撮ったりすればマクラーイは悪く行為したことになると主張するための、オークの木の場合と同じ形式の理由を挙げた。この事例では、彼がそうしないと約束したというのが直接の理由だが、私は、情状酌量の余地のある状況でなければ約束を破ることはそれ自体が悪い行為をすることであるというアンスコムの議論を引き合いにした。最後に、そうした要因と道徳哲学の関連性について疑義が生じるかもしれないと考え、私は、自然的規範性という概念を人間に、そしてさらには人間の行為と意志にかんする道徳的評価にまで拡張することを主張し、ワトソンが道徳的判断の客観説と呼んだ立場を擁護したのである。ここ数頁では、実践的理由という問題に立ち返り、彼の第二の問いにたいして「イエス」

と答えたところである。

ここで本章の冒頭で述べた、善き人であればするはずのことを自分がしなければならないのはなぜかと問う懐疑論者に立ち返れば、懐疑論者の問いには二通りの理解の仕方があることを指摘した。第一に、もし「善き人であればするはずのこと」という文言を、「透明に」（外延的に）理解して、たとえば、約束を守ることや人を殺さないことを指示しているとするならば、これらのことをすると彼が悪く行為をしていることになるのはなぜかを示すことが応答の核になり、するとわれわれの議論は依然として第1章から第3章のあいだにあることになる。しかし、先の文言を不透明に（内包的に）理解して、つまり、その記述のもとでの悪い行為を指示していると理解するならば、われわれは〈よく行為すること〉と〈合理的に行為すること〉とのあいだの概念的な連関を示さなければならない。それゆえ、さらに彼がわれわれに挑戦しようとするならば、その挑戦は概念的連関にかかわることになる。ここでわれわれを論駁できないにもかかわらず懐疑論者が、善き人がするように行為する理由があることはまだ示されていないと言いつづけるとすれば、彼が何を問うているかが明らかではなくなる。合理的に行為する理由を問うことは、さまざまな理由がそこでア・プリオリに打ち止めにならなければならない理由を問うことである。さらにもし彼が「しかしなぜ私はそうするべきなのか」と問いつづけるのであれば、われわれはこの「べし」とはどんな意味なのかと彼に問いただすことになろう。

われわれの相手である懐疑論者（とりわけ彼が悪党であるならば）が本当のところ主張しようとしていたことが、これまで述べてきたことによっては、われわれは彼の求めに応えていないということはたしかである。そして彼が危険人物であるなら、われわれがとりわけ気にすべきはこのことである。しかし、彼の行為に影響を与える可能性のあることをわれわれが探し回っているからといって、そのことは、その種の理由だけを実践的理由として囲い込むような哲学を支持することにはならないのである。

原注

＊1　Watson, 'On the Primacy of Character', 67. この本の注25で彼は、「客観説」ということで、私自身のような立場を意味していると述べている。

＊2　アリストテレス『ニコマコス倫理学』（『アリストテレス全集一三』加藤信朗訳、岩波書店、一九七三年）第三巻第二‐第三章の一一一一b四‐一一一三a一四および第六巻の随所を見よ。

＊3　T・アクィナス『神学大全』（第九冊、高田三郎・村上武子訳、創文社、一九九六年）第二部の前半。第一三問題第二項。

＊4　前掲書第一問題第二項および第六問題第二項。

＊5　L・ウィトゲンシュタイン『哲学探究』（『ウィトゲンシュタイン全集八』藤本隆志訳、大修館書店、一九七六年）

第一五七−一五九、一六五、一七一、三〇五−三〇八、四四四節を見よ。

＊6　Ｊ・ロック『人間知性論』（大槻春彦訳、岩波文庫、一九七二年）第二巻第九章〔邦訳は第一分冊〕を見よ。

＊7　人間は、自分が現在していることから隔たった目標を達成しようとする存在だと言うことができる。というのも、人間については、「かくかくしかじかのことを心のうちに抱いている」と言えるからである。そしてそのためには、そういった目標について語る能力がありさえすればよい。この目標とは、人が心のうちに抱いているものである。もっとも、強迫観念や計画の立案のような仕方で心を占めていなければならないわけではないが。語るということは動物にはできないことなので、動物の場合、その動物がしていることに直接に関係していることだけが、その動物が〈手に入れようとしている〉とか〈しようとしている〉ことであるという意味で、動物の目標でありうることになる。

＊8　Lawrence, 'Reflection, Practice and Ethical Scepticism,' 341 を見よ。

＊9　Ｄ・デイヴィドソン「意志の弱さはいかにして可能か」（『行為と出来事』所収、服部裕幸・柴田正良訳、勁草書房、一九九〇年）二九−六三頁〔原著二一−四二頁〕。

＊10　Ｎは、他の行為ではなくその行為をする別の理由も考慮しなければならないだろう。なぜなら、たとえば（ほとんど面識のない）隣人に電話をかけてお金を取りに来てもらって銀行への入金を頼むといった選択肢を排除するためだけであっても、通常はさまざまな考慮要因がかかわってくるだろうからである。風邪を治し、同時に借り越しを避けることをどんな障害があろうとも果たす方法がまったくないということはない。Ｎは風邪を治し、借り越しを避けることは同時にはできないと言ったときに私が意味していたのは、選ぶに相応しい〔可能な〕手段がないということである。

＊11　この例はジョン・ジョーンズから教えてもらった。彼の *Dostoevsky*, 330 の翻訳を使ったが、私はこの訳が好きである。

＊12　だいぶ前のことになるが、思慮深さはそれだけで動機づけることができるということをトマス・ネーゲルが *The Possibility of Altruism*〔一九七〇年〕の第五章と第六章で示していたと思う。もし哲学者たちがいまだに、「意欲的状

態（conative state）」と呼ぶものがあってはじめて行為は説明されると主張しているとすれば、私見では、彼らはネーゲルの教訓を蔑ろにしていることになる。

＊13　クリスティーン・コースガードは、彼女の古典的な論文'Scepticism about Practical Reason'において、このことを見事に論じている。彼女と私は、動機づけについての内在主義者の理論に反対するという点では一致しているが、道徳性の基礎についての説明においては根本的に異なっている。

＊14　'Rationality and the Human Good', *Morality and Action*, 210.

＊15　この論文の後のほうで、クインは、人間の善さについて明らかにアリストテレス的な説明を与えている。

＊16　選択が整合的であることや、選択する人がしかるべき仕方で情報を与えられていることなども、実践的な合理性に要求されることであろう。

訳注

（1）『神学大全』第二部第六問題第二項からのかなり自由な引用である。

（2）本章一〇五頁を参照。

第5章

人間にとっての善さ

道徳的評価は特別のものなのか

これまでの章では、「それ自体として」あるいは「自立的に」下される生き物の評価、すなわち「自然的な」善さや欠陥を視野に入れた評価に備わる論理構造について述べてきた。そしてそこで指摘したように、植物、動物、および人間の評価には、共通点だけでなく相違点も存在する。だが本章で考えたいのは、「道徳的な善さ」という主題にとりくむことで浮かび上がる新たな特殊性であり、人間の善さについて語るさいには、ほかのどの場合の善さとも似通らない語り方があるということである。私はここで、「善い人間だ」とか、もっとくだけた言い方で「善い人だ」といった言葉を使うときのように、「善い」という語が種の名前そのものと結びついた文で表された思考のことを考えている。植物や動物を評価するわれわれの言葉のなかにはこれに相当するものはない。第一に、人間以外のものに「善いSだ」という言葉をじっさいに使っている場合（この場合、われわれわれはむしろ、「健康なSだ」とか「Sの好例だ」と言い換えたくなるが）、われわれはその植物や動物を全体として考えている。これに対して、ある人を善い人間だと言うときには、その人をある特定の観点からのみ評価している。第4章で述べたように、この独特の評価〔の仕方〕は人間に対してのみ当てはまる。というのも、善き人について語るとは、その人の身体からでもなければ視力や記憶力といった能力からでもなく、その人の合理的な意志（rational will）にかかわるものとして、その個人について語ることだからである。[*1]

この特殊な評価のケースを本章ではより詳細に考察したいのだが、これでやっと「道徳的評価」という主題までたどり着いたと思われるかもしれない。しかし、私が示したいのは、道徳哲学に特有の主題だと通常考えられている〔道徳的〕判断は、概念構造を共有しているより広い行為評価というクラスに属するものとして本来は理解されるべきものだ、ということである。これまでの章で、風邪のためにベッドに臥せっている人の例とマレー群島で雇った原地人と交わした約束に拘束される探検家マクラーイの例のあいだで、別段違いを意識することなく行為の理由を考察してきたということは指摘しておいていいだろう。善さという概念と理由という概念の関係については、「道徳にかかわらない」例と「道徳的」な例の区別とはかかわりなくさまざまな所見が提出されてきた。これは間違っていたのだろうか。そんなことはないということを私は示そうと思う。

私自身の見解はこうである。道徳的判断を〔道徳的評価以外の〕ほかの評価の一部として理解することは――これらの評価はそれほど近接しているとするに値するほどの重要性はないように見えるかもしれないが――適切である。行為の理由を考えるさい、「べし」という語には、行為するひとつの理由や「すべてを考慮したうえでの」理由さえも意味するひとつの用法（実践的な「べし」という用法）があることを見てきた。[*2] そして、人間にとってのある種の善さ――これを実践的合理性と呼ぼう――が実現するかどうかは、為されるべきことを為すかどうかに左右されることを指摘しておいた。しかし、エリザベス・アンスコムが指摘したように、「べし」は「適用される文脈に制限のないどちらかといえば軽い語」である。

> 運動選手は訓練を続けるべきであり、妊婦は自己の体重に注意を払うべきであり、映画スターは人気に関心を払うべきであり、ひとは歯を磨くべきであり、自分の趣味にかんしては厳格であるべきであり（あるいは、あるべきでない）、「必要な」嘘はつくべきであり（あるいは、つくべきでない）……[*3]

こうしたさまざまな実践的な文脈における「べし」の用法からは、行為には欠陥がありうるということがわかるが、しかし、そこに何かしら重要なものが含まれているのかどうかまではわからない。別の箇所からはアンスコムが、通常は嘘をつくことは非常に深刻な罪だと考えていることがわかるが、彼女が挙げているリストのほかの項目についてこうしたことは言えないだろう。「すべきでない」や「べし」は、何かとても重要なことの印となる場合もあるが、たいていは、それをしたら、あるいはしなかったら馬鹿げたことになるような行為の印となっているのである。

それなら、道徳的評価が近頃のほとんどの哲学者たちにとってきわめて特別な主題――賛意（approval）といった特別な心的状態や是認する（endorsing）といった特別な心的行為という表現によって理解されねばならないような主題――だと思われているのはどうしてなのか。これは、こうした哲学者たちが、特殊な文脈でよく用いられる評価に焦点を当てていることと関係があるに違いない。その特殊な文脈とは、社会のある成員が、別の成員の為したこと、とくに公共善や第三者の権利にかかわるものに、反意を表明する場合である。しかしながら、こうした文脈における用法には特別な論理文法がかならず伴っていると見なすべきではない。そうした文法があるかないかは〔目下の主題が片付いた〕後で探求されるべき主題である。

近代のほとんどではないにしても多くの道徳哲学者たちは、自分たちの扱っている主題が、もっぱら個人間のあるいは個人と社会のあいだの関係と関連し、それゆえ責務や義務や慈善的行為といったことと関連すると考えている。これが、正義、勇気、節制、知恵という四つの古典的な枢要徳のうち、いまでは最初の正義だけが「道徳性」に完全に属していると思われている理由である。残る三つの徳は「道徳性」を実践するのに必要であると認められてはいるが、「道徳性の範囲の外で」

「自己にのみかかわる（self-regarding）」目的のために行使されることもあると考えられ、このとき「道徳的」な考慮と「思慮深い（prudential）」考慮とはプラトンやアリストテレスのなかには見いだせない仕方で対置されることになる。[*4] たとえば、J・S・ミルは『自由論』のなかでこの現代的な見方を非常に明確に示している。「軽率、頑迷、うぬぼれを示す人……有害な耽溺から自己を抑制しえない人」は欠点を示している（ミルはこういったものを「自己にのみかかわる欠点」と呼んでいる）が、こうした過ちは「本来反道徳であるわけではない」のであり、「ある程度の愚かさ……を立証することではあるが……これらが道徳的非難の対象となるのは個人がその人びとのためにも、自己への配慮を義務づけられているような種類の他の人々に対する義務の不履行を含むときにのみである」。[*5]

意志評価に共通する特徴

「道徳的」という語をミルのように用いることにはもちろん何ら問題はない。それはわれわれの日常的な用法にもほぼ合っている。それに私は、語用の多様性にかんして今日でも見られる議論にかかわりたいとは思わない。[*6] 私の関心を惹くのは、ミルの用法で使われた場合の「道徳的」の正確な意味ではなく、いま引用した箇所でミルが述べていた「道徳的」評価とそれ以外の評価の区別に実質があるとした場合のその中身である。ミルの言う「道徳性の領域」を語るための特別な用語集が結局はあるのだから、実質について問いを提起することさえ、おかしいと思われるかもしれない。「悪意ある（wicked）」とか「邪悪な（evil）」といった語は、殺人といった行ないに対しては使われるが、自己破滅的で愚かな行為に対しては、その最たるものに対してさえ使われない。特定のテクニカルな文脈でなければ、ある行為に対して「悪い（wrong）」と言うことは、その行為は不正であるとか、ことによってはその行為は無慈悲であるとかの意味になる。つまり、「悪い」という言葉は、ほかの個人や公共善に対立するかたちで為されたことにそのふるまいの欠陥の本質がある場合に、そのふるまいに対して使われるものなのである。じっさい、こうした特別な「道徳的」用語は、個人が別の個人や社会に対してもつ特別な関係、たとえば権利や責務や義務があるといった関係を拾い出すという目的に役に立つ。さらに、「悪意ある」や「邪悪な」といったいくつかの道徳的な言葉も、問題の深刻さと、殺人や児童虐待や拷問といった背筋を凍らせ嫌悪を催させる行為によって喚起される激しい反応を示す印となる。道徳的譴責《けんせき》を示す用語をわれわれが使う仕方についての社会的・感情的状況は、軽率さや強情さ、無分別、愚かさが語られる状況とは非常に異なっている。しかし、私は、「合理的な人間の意志の評価」というラベルを貼りうるこうした評価にはすべて共通する特徴があるのだと論じたい。

それでは、こうした評価が共有している特徴とは何か。まず、こうした評価はすべて、物理的ないし心的な能力ではなく、自発的な（voluntary）行為と目的をその評価の対象としている。これは、

「道徳的」な評価がかかわる場合に広く認められることである。なぜなら、人間の為すことのすべてが道徳的な善さに与《くみ》したり反したりするとされるわけではないことは明らかだからである。山腹で滑落したために他の人を死なせたからといって人殺しと呼ばれることはない。不随意に為されたことは問題にならず、〔物理的〕強制もまた、身体運動の自発性を取り去ることがある。たとえば、風によって飛ばされたり強者によって連れ去られたりする人の場合がそうである。[*7] さらに言えば、誰にも耐えられないような拷問によって為されたことは、おそらく不随意であるとまでは言わないものの、自発的とも言い難いことは確かである。

とはいうものの、ある行為が自発的であるためには、知りながら行為するのでなければならないという条件が加えられると、この問題のさらなる難しさが明らかになる。[*8] こうした場合に免責される例があることが、それを十分に示している。ある医師は、緊急を要する状況下で（たとえば、遭難者が断崖の中程で身動きがとれなくなっている場合）治療をしていた患者を死なせてしまうことがあるかもしれないが、それは患者が通常処方される薬に対してアレルギーがあることについての無知ゆえの（through ignorance）ことかもしれない。この医師は、自分は悲しいことに悪いことをしてしまったと言うかもしれないが、助けようと断崖を登っていったという点では英雄的なことをしたのである。こうした場合われわれは、不運な結果は意志の善さに関係しないというカント〔の主張〕に同意して、代わりに「継母のごとき冷たい自然」を非難することになる。[*9]

この医師の行為は、「治療をする」という記述のもとでは意図的であったが、「死なす」という記述のもとではもちろん意図的ではなかった（もっとも、状況が違えば、医師の行為はこの「死なす」という記述のもとでただちに批判的な道徳的評価の対象ともなりえたであろう）。とはいえ、この例は注意深く選んだものである。というのも、無知の状態で（in ignorance）行為するあらゆるケースがこういった仕方で免責されるわけではないからである。この医師は差し迫った状況で行為していたので、アレルギーのあることを知ることは不可能だった。そして誠実な医療従事者であれば誰もがそうしたであろうような標準的な治療をその医師は行なったのだということが含意されていたのである。

この最後の所見で示唆されているのは、自分が何を為しているのかにかかわる知識の欠落によって、「自発的であることから何かが取り去」られはするが、つねに免責されるとは限らないということである。というのも、無知そのものが自発的なのかもしれないからである。たとえば、現在の英国の武器商人は、自分がある国に輸出した武器が抑圧的な政権に送られないかどうかを調べないようにしている。もし商人が「調べて」しまえば、自分がしていることは、手にした証拠からのものではなく、自己利益からのものであることになろうからである。彼は自分に都合のよい考えを抱いているが、その考えで彼が免責されるわけではない。なぜなら、その考えにはいわば誠実さが欠けているからである。[*10] さらに言えば、もし、知ることができて、しかも知るべきであった事実を見つける労をとらなかったのであれば、その行為者の無知はその人の意志のせいとされるだろう。これは、日常生活を営む上で重要なだけでなく、とりわけ興味深いケースでもある。この人は、ある時点において、〔意識的に〕事実を明らかにしないと決断したり、あるいは明らかにできないようにしたわけではないかもしれない。彼の過失は、純粋な不作為であったかもしれない。しかし、行為における不作為はよくある過失であり、発見できてしかも発見すべきだったことを発見しようとしなかったという不作為は、この特殊事例でしかない。不作為ということは一般には、行為者が何かしら特別な責任ある立場にあることに基づいて非難に値するとされるが、非難に値する無知という論点の実践的な重要性は、特別な責任ある立場にあるということだけに由来するわけではない。というのも、英国のような国々のほとんどの成人にとって知ることができるというだけでなく必ず知っていなければならないことがないなどということがあるだろうか？　私が考えているのは、たとえば、応急処置の基本的な諸原則や心肺蘇生法のような処置である。このように言うことは、命を救うために知っておく必要のありそうなことを何もかも知っておくことなど誰にも期待などできないのだから、行き過ぎと思われるかもしれない。しかし、こうした例は、ここにいるわれわれのほとんどが学ぶことができるだけでなく学ぶべきである応急処置についての規準の手がかりを与えてくれる。非難に値する無知が成立するには「できること」だけでなく「すべきこと」もなければならない。この論点は、エリザベス・アンスコムが出した例と比較してみれば明確になろう。アンスコムの例は、幼児が家の戸口の踏み段に放置されていたのだが、そこに居るということをその家の人が知らなかったためにその幼児が夜のあいだに死んでしまった、というものである。その家の人にはそこにその子がいることを知ることが不可能だったわけではない。毎晩、決まった時間ごとに自宅の戸口の踏み段を確認することを習慣としていたら、その子の命は救われていたであろうからである。しかし、当然、その人はそうすべきだったと言うことはできない。この例と応急処置の初歩を学び損ねている例とを区別する要因をみてとることも難しくはない。どちらの場合にも、無知ゆえに生じることとなった害悪は非常に大きい。この点は大事である。他方で、そうした知識が必要とされる程度には大きな違いがあり、それゆえまた、そうした知識を手にするための行為者のコストにも違いがある。[*11]

こうした観察からわれわれが描き出してきたのは、人間の行為の善さや欠陥の評価を、行為そのもののみを対象とすることの論理的な限界である。この議論は、今日「道徳判断」と呼ばれ、ミルによって〔他の種類の判断とは〕明確に区別された種類の判断ととりわけ関係すると思われているようである。しかし、「自分にのみかかわる」失敗は、思慮の欠如の部類に入るものであり、それに相当する記述は、「悪意ある」といった「道徳的」な記述と同じように、自発性の条件によって概念的に制約されている。たとえば大波に襲われて海に落ちた場合には、自分のなしたことが不随意(involuntary)であるので、馬鹿げたことをしたと言われはしない。そしてこの場合でも、喫煙とガンの関係が知られる以前に長年にわたって喫煙してきた人びとの無分別さ（imprudence）が無知によって免責されるのと同様、無知は落ちたことを免責するかもしれない。しかし先の場合と同じように、こうした無知が免責という論理的な力を発揮するのは、その無知が行為者の知ることのできて、しかも知るべきであったことについての無知ではない場合に限られる。われわれの社会において、読み書きを学べるのにその労をとらなかったために読み書きのできない人は、思慮の欠如を示している。そして思慮とは、まさにこの観点から評価を語る概念なのである。なぜなら、この概念そのものが、通常の能力を有した人が普通に人生を送れば獲得でき、そして獲得すべきであるような知識と理解以上のものを含んではいないからである。

それゆえ、自発的なものとの特別な繋がりは、特別な評価を表す第一の概念的な印である。とはいえ、これらの評価は（言語障害といった）人間に生じる善さや欠陥に関係はするが、理性的な意志の善さや欠陥ということで私が指摘してきたたぐいの評価とは区別される。そしてここでの私のポイントは、こうした特別な評価の対象はミルが「道徳性」という語で選び出したものよりも広い範囲に及ぶ、ということである。古代の人たちがそうしたように、さまざまな徳をひとまとまりの主題として扱う第一の理由はここにある。

行為の善し悪しの三つの源泉

さらに、ミルの「道徳的」評価には、このより広いクラスに属することを示すふたつめの重要な特徴がある。概略的に言えば、善さや悪さは、ひとつの行為がもつ異なった形式的特徴に由来するということである。この点はさらに以下のように区別できるだろう。

第一に、行為の善さはその行為それ自体がもつ本性——為されたことが何なのかということ——に由来しうる。それゆえ、一般には、命を救うという行為はこの点で善いのであり、殺すという行為は悪いのである。[*12]

第二に、行為が為される目的は、その行為の善し悪しにかんする独立したひとつの源泉である。ある善い行為は、それが（義務であったとしても）悪しき目的のために為されているゆえに悪いことがある。たとえば、恐喝をする人は、お金を巻き上げつづけるために自分のカモの命を救うかもしれない。あるいはまた、悪しき行為が善い目的のために為されていても、目的は行為を正当化しないかもしれない。たとえば、裕福な遺産受取人ではなく貧しい人びとのほうにお金がわたるようにと、遺言執行者が遺言書を反故にするといった場合である。火の延焼を食い止めるために人の地所を破壊する必要がある場合のような、悪い行為を正当化する目的と対比させてみればこのことは明らかである。

行為における善さや悪さの第三の源泉は、自分が善く行為しているのかそれとも悪く行為しているのかについての行為者の判断とその行為との関係である。ここでもまた、善さと悪さは、行為であれ目的であれ、その善さ悪さとも結びつきうる。自分が正しいと思うことをしているということは、行為や目的のじっさいの悪さを取り消すのだと、しばしば想定されている。しかしアクィナスは、誤った良心によっては免責されないと主張している（この主題についての彼の議論は道徳哲学の珠玉のひとつである）[13]。アクィナスの論点を、ナチスによってプラハが侵略されたときに安全を求めてノルウェーのとある一家に送られたユダヤ人の子どもの悲運な物語によって説明しよう。その子どもはアウシュヴィッツで亡くなった。なぜなら、ドイツがノルウェーに侵攻したあと、その子を愛していたノルウェー人一家は、命じられた場合にはゲシュタポにその子どもを引き渡すことが自分たちの義務だと考えていたからである。ナチスへのいくばくかの共感があったことは間違いないが、その一家はそれが「為すべき正しいこと」だと信じていた。誤った良心では、あるいはアクィナスがいつも言うように「理性とか良心（ratio vel conscientia）」では、免責されないのである。

　しかしアクィナスによれば、自らの良心に反したことを行なうことはそれでもなお、ただそれだけで行為における悪さのひとつの源泉である。それは、本来は自分がすべきでないことをせよと良心が命じるときでさえ変わらない。彼が言うには、誤った良心でさえ拘束力がある。なぜなら、良心に反するとき、意志は、理性によってそれが邪悪だとされているという点で何かしら邪悪なことである行為に向かうからである。そしてたしかに、それは正しい。為すべきではないと思いながら行なうことは、意志におけるきわめて根本的な悪さである。人は、自分が邪悪であると思っていることを行なうときに善く行為することがどうしてできようか。それはまるで、射手は的があると自分に思える位置に矢を狙い定めることさえすべきでない、と言うようなものではないだろうか。

それでは、ノルウェー人夫妻はどうすべきだったのか。アクィナスの評価では、この夫妻は、ユダヤ人のその子どもを見捨てたとしても見捨てなかったとしても悪く行為したことになるだろう。重要なのはそうした見方をする人には善く行為する道は、その状況では閉ざされていることであり、この例では、その夫妻にはこの点で責任があると語ることは不合理ではない。その子どもにはナチスから隠れるための場所が必要だったことを夫妻はすでに知っていたのであり、そしてナチスの政策が邪悪なものであることはその夫妻の知ることができて、しかも知っておくべきことがらであった。とはいえ、原則の誤りは決して免責されないとアリストテレスとアクィナスがそろって提案しているのだが、それは信じがたいことである。結局のところ、ここには正不正についてはよく知られた論争中の諸問題がある。*14

行為における悪さはさまざまな源泉をもつという問題を詳しく見てきたが、それは、この主題は現代の道徳哲学では十分に扱われることがほとんどなかったと思えるからである。そして、これまでのところ、私が挙げてきた例はミルが道徳性に割り当てた領域からのものであった。しかし、類似した過ちは、ミルが道徳性から除外した領域にも見いだせる。そこでは、自己破壊が他者に対する残忍さに入れかわり、自分自身の善に対する無関心さが他者の善に対する無関心さに入れかわっている。つまり、第一に、自傷や自殺といった一般的に悪い行為があるが、こうした行為の悪さは誰か他の人に加えかねない害とは無関係である。[*15] 第二に、ドストエフスキーが『地下室の手記』のなかで印象深く描いたように、自己嫌悪や自身への恨みによって、わずかばかりではあっても自分に対して害を加えることを求めたり、うっかりそうしてしまうことが、その人にとって善く行為することであることはありえない。そして最後に、ここでもまたくりかえすが、人は自分がすべきでないと本気で考えていることを為しているときには、善く行為することはできない。すべきではないことを正しく考えていた場合は明らかにそうであるし、誤ってそう考えていた場合でも、それに反すれば善く行為することはできないからである。

それゆえ、これまでのところわれわれは、ミルの「道徳的な」評価が人間の意志にかんするほかの評価と別様に扱われるべきだと考える理由を見いだしていない。また、前段落で描かれた事例のように善悪が混合しているケースで、また、ミルが道徳性の領域としてとくに区別した領域の「内側」と「外側」からの善さと悪さが共にあるようなケースで、最終的にどう判断するのかについて探究しても、別様に扱う理由が現れることはない。かなり前に出した（第1章）不正な仕事をしているという点でも、またテレビの前に座ってしまったという点でも欠陥のある愚かな強盗という例には（本書第1章）、二重に重なる悪さがあった。適当に善さと悪さを混ぜ合わせて、その上で結果をたずねてみるのもいいだろう。異なった要素が異なった方向の評価を示すとしたらどうするのか。そうした場合、行為が善いと呼ばれるのはいつなのか。たとえば、為されていることが（意図的に）救命することとか、助けを必要としている人を助けることとかであれば、善さにとって十分なのだろうか。しかしこれは、たかりつづけるためだけに溺れている人を（意図的に）助ける恐喝犯のことを考えてみれば、説得力がなくなるだろう。そしてまた、目的は善いが反道徳的な手段や愚かな手段によって為される行為についてはどうだろうか。あるいは、それ自体はおそらく為されるべきであるのだが、それは愚かなことだとか「間違っている」ことだと行為者が考えているような行為の場合はどうだろうか。善い要素と悪い要素の両方を含んでいる行為のどれかを善いということはできるのか。先に援用した区別をしているアクィナスは、欠点がひとつでもあれば悪さに十分であるのに対し、善さはあらゆる面において善さでなければならないという原則を引き合いに出しながら、これまで見てきた行為のいずれも悪いと強く述べている。*16

善さと悪さの非対称性

アクィナスはここに、悪さの概念と善さの概念のあいだにある非対称性を見ているが、一見するとこれは単なる誤りに思われるかもしれない。しかし、反省してみると、たしかにわれわれはそのように考えていることがわかる。デザインが悪いことや湿気っていることは家を悪い家とするのに十分であるのに対し、デザインがしっかりしていることや乾燥していることは家を善い家とするのには十分ではない。わずかな瑕疵がつねに問題となるわけではないが、重要な欠点と優れた点は非対称的な仕方で考慮されるのである。

それゆえ、行為の種類や目的が悪い場合、あるいは何を為すのが善いのか悪いのかについての行為者の信念に反する場合、行為は悪いものとなるように思われる。否定的な側面についてはここまでにしておこう。少し堅い言い方で言うなら、意志にかんする（volitional）欠陥の十分条件についてはすでに十分明確だろう。では、善さについてはどうだろうか。善さの十分条件は何か。ここでもまたアクィナスは驚くべきことを述べている。というのも彼は、個々の行為（つまり、特定の日時に特定の人によって為されたという事実によって個別化される行為）はどれも、どの点でも悪くないのであればそれは善い、と述べているからである。[*17] これは、アンスコムも明らかなことだと考えていた。[*18] ある哲学の懇親会で、先に飲み始めてしまった人について、私が彼のふるまいは善いと言ったときに反論されたのを覚えている。とはいえ、「悪くなければ善い」という原則は、生き物の活動に適用された場合には目新しくも特別なものでもないはずである。植物は、つまるところ成長にとって悪いものがなければ善い育ち方をする。また、人間の手の動きなどについても同じように考えるだろう。手が弱っていたり痙攣していたりすれば、その手の動きにはそれぞれに欠陥がある。しかし、いかなる欠陥もなければ、手はその働きにおいては善いとされるだろう。それはちょうど、健康な普通の子どもが、バランスを上手にとり、上手に歩き、しゃべり、そしてほかの子どもたちと上手にかかわれるようになるのを善いとするのと同じである。

人間の行為についてはわれわれは違う仕方で考えているのだと言われるかもしれない。たしかに、ある行為を特別に称賛するために選び出す場合などはそうである。しかし、裕福な人が、その人にとってはとくに惜しくない額のお金を寄付しても、特別に称賛に値するわけではないことを思い出してほしい。逆に、法廷で真実を語ることや大学教員職の候補者について正直な意見を述べることといった単純な行為であっても、とりわけ困難な状況下で遂行された場合には、特別な称賛に値する。[*19] ヒトラー政権下では、スターリン政権下と同様に、ごまかしたくなる誘惑はじっさい非常に大きかったろう。また、追加される特別な善さは、道徳性の領域に属していると一般に考えられているものにだけ属するわけではない。というのも、酷い災難に見舞われた人が自殺したい気持ちに抗うことが希望と勇気という徳の行使であることは明らかだからである。幸運な状況で思慮深くふるまうことは何も特別なことではないが、狭苦しい簡易宿で幼い子どもたちを抱えたシングルマザーにとってはじっさいきわめて難しいことであるに違いない。ある医師はこのことをつぎのように述べている。

健康的な食事をすること……そして自分のタバコ中毒に対処することは、磨り減ることなく来る日も来る日もあなたの能力を試す数々の状況におかれることがないならば、簡単なことである。[*20]

もしもこういった状況で自滅的にではなく思慮深く行為することが、とりわけ善い行為として取り上げられるべきたぐいの行為であるとされるなら、それに同意することができるだろう。

これまでの概念的な分析によると、私の考えではひとまとめにできるふたつの評価クラスのあいだには、対照性よりも類似性があるように見える。とはいえ、これに反対する人には別の攻め筋がある。というのも、「道徳的な」評価と「道徳にかかわらない」評価のあいだにはそれでも論理的な違いがあるのだと主張しうるからである。その根拠は、正義や慈善の求めに基づいた行為の理由と、自分自身の必要や自分の欲求にかかわる行為の理由とが衝突する場合、前者の理由はつねに後者の理由に勝る「切り札」となるということにある。この点については、マクラーイの約束（第3章）がひとつの例となる。

しかしながら、ミルの言う「道徳的な」考慮要因が一般に優越するという考えが擁護可能だとは私には思えないし、なぜそのように主張されるのか不思議に思う人もいよう。これには、ミルが道徳性と考えたものと事実として大いに関係している禁止ということのもつ特別な地位が関係しているようである。というのもそうであれば、場合によっては遂行するのが正しいと言えるような状況を認めえない行為があるとする制限付きの〔ではあれ〕道徳的絶対主義を支持するよい理由となるからである。不倫と嘘はこうした性格の行為であると言われてきたが、私自身はこのどちらについても、アリストテレス、アクィナス、アンスコムに同意するつもりはない。たとえば、ナチスへのレジスタンス活動をしていた者は、自分や仲間たちを守るためには必要であったとしても、嘘を言うべきではなかったと主張することはきわめて滑稽なことだろう。とはいえ、拷問に対する絶対的な道徳的禁止は別の問題のように思う。ある行為に対して、「拷問である」という異論の余地のない記述が適用されるならば、どのような状況であれ、それは道徳的に「ダメだ」というのが私の確固たる見解である。[*21] だが、この種の「道徳的絶対主義」は、ミルの用語で「道徳的理由」と呼ばれるような行為の理由が優越するという一般的理論を支持するわけではない。またここで、「最終的な」や「べし」や「べきでない」を含意する点で実践的な観点から「概念的に評決的」と私が呼びたいさまざまな行為記述を思いおこすことも場違いである。たとえば、「不正である（unjust）」は、「残酷な」と同様にそうした記述である。ある人が他人から借りているものをその人に返さないことが不正であったり残酷であったりする場合には、その人は返さないことで必ず悪い行為をしているのである。個別のケースでお金を返さないことが本当に残酷であったり不正であったりするのかどうかを知ることは困難かもしれない。ある債務者は、借りた金を返済すれば自分の子どもを飢えさせてしまうかもしれない——第三世界の債務者はほとんど常にこのディレンマに直面している。しかし、正義ないし慈善に基づいて借金は払われねばならないと心に決めた人は、同時に、もし借金を返さなければ自分が悪い行為をしていると認めなくてはならない。もしかすると、こうした評決的な記述はすべて、他人の権利や必要性、あるいは公共道徳にかかわる要因に沿った判決をするのだと考えられるのかもしれない。しかし、たとえそうだとしても、このことはほとんど重要ではない。なぜなら、「無分別な」や「愚かな」といった言葉を考えてみれば、いずれにせよそうではないことはわかるからである。これらもまた評決的であり、その点で、「危険な」とか「自己にのみかかわる」といった表現とは対照的である。これらの記述は、それは為されてはならない、ということを含意せずに行為に適用できるのに対し、「無分別な」や「愚かな」といった言葉の場合はそうではないのである。

ある行為を支持する理由と反対する理由とが衝突している場面で、「他者と関係する」考慮要因が決定票とはならない例を見つけるのも難しくない。もちろん、ある責務が別の責務より優越する状況は数多くある。しかし、バーナード・ウィリアムズが印象的な仕方で述べていたように、あらゆる場合に、推定上の道徳的義務が「義務出し・義務入れ」原理によって優越的に働くわけではない。[*22] これを理解するためには、風邪で床に臥せっている人の例に立ち戻ればよい。この病人が、自分が病気に罹っている日に友達の手伝いをしにいく約束をしていたとしてみよう。その約束が非常に重大なものでなければ、あるいはその約束を破ることが相手にとってかなり深刻なことでなければ、「申し訳ないが、今日は外出できないんだ」と言って許されるだろう。これは、足が動かなかったということではなく、すべてを考慮すれば彼にはほかにすべきことがあった、つまりベッドで寝ているべきだったということである。じっさい、行為者が、他人よりも（家族はもとより）自分を優先することは往々にしてまっとうなことである。しばらく前にジョン・テューレックがすばらしい論文のなかで指摘したように、たとえば、自分の手足を確実に失うとしても、もっと深刻な被害から他人を救うためならそれを引き受けるべきだなどといったことは一般的にはまったく信じられることではない。[*23]「道徳的な考慮要因はほかの要因より優先される」というスローガンが表しているのは、道徳哲学上の真理ではなく、何が為されるべきかにかんする説得力を欠いた教義なのである。

この論争の主な争点において私と対立する人は、私が評価の広いクラスに注目することで、責務と義務の領域の外にわれわれを連れ出し、そして道徳哲学の外にも連れ出してしまっていると主張するだろう。「それは道徳哲学にとってますます悪いことだ！」と言うかもしれない。すでに述べたように、私は「道徳的」という言葉の使われ方にそれほど関心がない。しかし、自分にとって善いことを受け入れる心づもりがあることを意志の徳（意志にかんする卓越性）として認識し、希望や善いことを受け入れる心づもりといった自分だけにかかわる徳が、その人の生のあり方に対してもつ大きな重要性を理解することも大事なことだと思う。[*24] そして、否定的な側面としては、ある種の臆病さや習慣墨守、そして自分以外のものは傷つけないにしても身勝手な自暴自棄などについて考えるときには、「道徳的欠陥」という表現を使いたくなるだろう。意志にかかわる欠陥のうち、とりわけ他人に影響を与えるものだけを道徳哲学が話題にしがちであることによって、われわれの日常生活ではほとんど取り上げようとしない、気に障るほど厳格で、神経質な、道徳主義的な雰囲気が主題全体に与えられるのである。こうした文脈では「責務がある（ought）」といった語には特別な意味があるのだと思わせることで理解を曇らせることになりやすい。じっさい、「責務がある」は「べし（should）」にとても近い。そして「道徳的な文脈」について言えば、このことは普通は単に、自分自身ではなく他人に関係する行為の理由が存在することを示唆しているだけである。

原注

＊1　似た言い方として、「理性によって統御可能なものとしての意志」と言ってもいい。

＊2　私がこれから考えようとしているのは、このケースだけである。

＊3　G・E・M・アンスコム『インテンション』（菅豊彦訳、産業図書、一九八四年）一二一－一二二頁。

＊4　ギャヴィン・ローレンスはたったいま行なった一般化の注目すべき例外である。彼の 'The Rationality of Morality', 106を見よ。

＊5　J・S・ミル『自由論』（「世界の名著三八」所収、早坂忠訳、中央公論社、一九六七年）第四章、三〇四－三〇五頁。

＊6　とはいえ、アイザイア・バーリンがブッシュ弦楽四重奏団録音によるベートーヴェンの後期の弦楽四重奏曲の「道徳的な衝撃」について、講義で話題にしていたことは指摘しておこう。

＊7　アリストテレス『ニコマコス倫理学』（「アリストテレス全集一三」加藤信朗訳、岩波書店、一九七三年）第三巻第一章一一一〇a一－三四を参照せよ。

＊8　前掲書、一一一〇b一八－一一一一a二〇。

＊9　I・カント『道徳形而上学原論』（篠田英雄訳、岩波文庫、一九七六年）第一章、二四頁。

＊10　奴隷所有者たちや南アフリカのアパルトヘイト政策下での白人たちの信念の多くは、この種のものであった。

＊11　見つけることができ、しかも見つけるべきであったことを見つけ損なったがゆえに無知の状態で為しているケースは、心の哲学の観点からするととりわけ興味深いものである。というのも、この自発性は、何を知っているべきだったのかに基づいて行為に帰属させられ、それゆえ、〔何を知っているべきだったのかの〕評価そのものに依存する仕方で、行為者の意志に帰属させられるからである。これにより、自発性は能力の行使についての因果的な探求によって発見されるという考え方は間違いだということが示される。

＊12　これらを区別する点ではおおむねアクィナスに従っている。しかし、種と行為の状況について彼の語っていることは複雑であり、この点にかんする彼の見解を正確に表現するつもりはない。法の適正手続きによってある人に有罪判決が下されたという状況により、その人から自由を奪うにあたって為されることが変わるのだから、状況が行為の善さや悪さにしばしば影響を与えるということは自然である。そして、目的というものも、このように状況と同じ仕方ではたらくことがある。とはいえこれは、善き目的でありさえすればつねにそうなる、と言っているわけではもちろんない。本書の一四六－一五〇、二一一－二一三頁にある「絶対主義（absolutism）」についての議論を見よ。

＊13　アクィナス『神学大全』（第九冊、高田三郎・村上武子訳、創文社、一九九六年）第二部の前半、第一九問題の第五項および第六項を見よ。

*14 Anscombe, 'The Two Kinds of Error in Action' を参照。

*15 たとえば末期の病における多大な苦しみといった、ある種のかなりめずらしいケースを除けば、自殺は希望という徳に反している。私が希望を徳と呼んだことに驚く人がいるかもしれないが、しかし当然希望は徳である。ひとつには、われわれは、すべてが駄目になったかどうか本当のところは知りえないときにも、何もかも駄目になってしまったのだと考えがちだからである。現代社会で、若者の恐るべき自殺者数のことを踏まえると、希望が、産声をあげた子どもに名づけ親からの第一の贈り物であってほしいと思う。

*16 アクィナス『神学大全』第二部の前半、第一八問題第四項。

*17 前掲書、第九項。

*18 G・E・M・アンスコム「実践的推論」(『自由と行為の哲学』所収、門脇俊介・野矢茂樹編・監修、春秋社、二〇一〇年、一九一－二五八頁。当該論文は早川正祐訳で、当該箇所は二五五頁)。

*19 困難な状況と徳の欠如そのものに由来する困難さとを区別することはもちろん重要である。この区別については、Foot, 'Virtues and Vices' の第二節を参照。

*20 〔英国の〕ノース・スタッフォードシャー・ロイヤル・インファーマリー病院で心臓発作および脳卒中予防事業の主任であるP・F・ネイシュによる一九九一年八月一七日の『インディペンデント』紙への寄稿から(傍点はフット)。

*21 この意見を支持するロナルド・ドゥオーキンの論文 'Report from Hell' (*New York Review of Books*, 一九八六年六月一七日)を目にできてうれしく思っている。彼は、拷問の禁止は独裁的な支配者の権力に対する防壁になると考えている。拷問は互恵的になろうとする人間のもつ衝動の究極的な否定であると思う。

*22 B・ウィリアムズ『生き方について哲学は何が言えるか』(森際康友・下川潔訳、産業図書、一九九三年)二九九頁〔フットは原著の一八〇頁を参照させているが、正しくは一八一頁〕。

*23 J. Taurek, 'Should the Numbers Count?'.

＊24　ある学部生がかつて、「性行為に反対することが不道徳でありうる」ことを私の講義をきいてはじめてわかったと言ったことがある。私はこれが気に入っている。

第6章

幸福と人間にとっての善さ

徳と幸福

行為の善さは実践的合理性に適っていることが何らかのかたちで示されねばならない。しかし私は先に、そうした実践的合理性について独立した規準を探し求めることは誤りだと論じた。むしろ、合理的選択は、それだけで独立しているのではなく、たしかにさまざまな徳の中心にはあるが、人間としての善の一側面として見られるべきなのである。

そこで、まず、実践的合理性についての私の見方に対するひとつの反論をもっと詳しく見てみよう。それは、ここまで表舞台には登場していないが強力な反論である。つまり、実践的合理性の発揮とは幸福を追求することであり、それ以外の何ものでもない、という考え方である。これまで幸福について何も論じてこなかった。このことは、道徳哲学の歴史のなかでこの論点の重要性を考えるなら、かなり奇妙なことではないだろうか？　徳と幸福の関係についてひと言も述べずに、どうして行為の合理性について論じることができるだろうか？　幸福は、人間であることにとっての善(humanity's good)なのではないだろうか？

それゆえ私はここで、幸福という概念を人間の行為の善さについての先の説明のなかに位置づけることを試みたい。もし、悪徳が「自然的な欠陥の一形式」であり、徳が意志の善さであるとすれば、人間の幸福ということは自然的規範性の図式のどこに属することになるのか？

この問題に私は正面からとりくもうと思う。しかし、まずはこの問題を、かつては影響力があったものの、いまでは多くの人が信じてはいない次のような考え方から区別しておこう。つまり、人は誰も自分の幸福以外のことをじっさいに追求していない（し、できない）という考えである。これは、いくつかの概念についての直観と心理的懐疑論との性急な混合に基づく理論である。前者の直観は、欲求、遂行、充足といった概念のあいだにじっさいに成り立っている概念的関係についての混乱した認識に由来している。後者の懐疑論は、人は自分はそうしていないと言いながら自分の幸福を追求しているという日常的な観察に由来している。しかし、心理的快楽主義も心理的利己主義も、たしかなこととして認められていることではない。幸福は行為の普遍的な目的ではない。勇敢な人は、他人を助け、守るために確実に死ぬことになるような行為をすることがある。それは、大きな、そして直接的な害悪を選択することである。さらには、幸福を犠牲にするような生き方を、ほかの目的のために選択することさえある。[*1]

徳と幸福の関係が道徳性にとって問題となるが、それは、心理的快楽主義や心理的利己主義のような理論から生ずることではなく、幸福は人間にとっての善であるという考えに、幸福は悪行（evil action）を通じてうまく追求されることがありうるという考えが結合することによる。というのも、このふたつが結合すると、徳が禁じることをすることをときには要求するような、合理的行為にかんする独立の規準——幸福の追求という規準——が存在するように見えるからである。

じっさい、幸福は人間であることにとっての善であるという考えは、自然的規範性にかんするこれまでの章の議論を混乱させるように見えるだろう。この考えによれば、人間の生の形の具現は幸福にかかっており、幸福こそが徳を決定するとされるからである。しかし、そうだとすれば、徳がときおり幸福の犠牲を要求するなどということがどうしてありうるのか？　また、幸福が邪悪なことによって実現されるなどということがどうしてありうるのか？　こうしたことを否定できるだろうか？

以下で私は、道徳哲学の深奥にあるこの困難な部分の扱いとしてはまったく不十分なものであることを自覚しながらも、複雑に絡み合ったこれらの考え方を整理するために、できる限りのことをしたい。本章後半で私は、幸福は端的に人間にとっての善であるとする前提を問題にしたい。そして、「幸福」という語をある仕方で解釈したときには、この前提は許容できないと論じることになる。とはいえ、まず、幸福は悪行を通じてうまく追求されることがあるという考えに対しては、十分公正に扱わなければならない。それゆえ私は、そのように考えられた幸福についての大枠を描こうと思う。しかも、邪悪さ（wickedness）と幸福とを結びつけるあれこれの描写をあまりに性急に拒否しないように注意しながら描くことにしよう。

しかしながら、さらに遡ったところから、つまり、人間について「幸福である」と述定されるさまざまなあり方を論じるところから始めるのがよいだろう。たとえば、彼らが「……して幸せである」とか、「幸せな気持ちにある」とか、「幸せな人生を送る」とかいったことを語る場合である。これらの異なる「幸福である」という述定は、幸福が徳に対してもつ関係が議論されるさいには、それぞれ別個の姿を見せている。それゆえ、さまざまな使用法を念頭におく必要がある。

幸福は快楽や満足ではない

では、「ある人は、……幸せである」という命題から見ていこう。こうした場合の意味は、最小限のことであってもよいだろう。「Φして幸せだ」とわれわれが言うとき、不安がないことや状況を変えようとしてはいないということしか意味していないことがある。それゆえ動物に対してさえわれわれは、たとえばその動物は「いまのままでとても幸福だ」と言うことができる。そして、動物とは違って満足したり不満を感じたりする人間について、「彼は……して幸福だ」と言う場合には、単に不満がないことを意味しているだけのこともある。しかしながら、「Φして幸せである」

は、どちらかというと、そうすることの楽しさや快楽、そして、そうすることを好んでいることを語っている。ここで、楽しさということが、それこそが幸福な生の一部であると考える人もいるようなものとして登場する。

楽しさ（enjoyment）とは難しい概念である。われわれの行なう活動《アクティビティ》の多くは、それを行なうことを人が楽しむようなことである。休暇や仕事などを人が楽しむときに、そこで意図されていることは、ほぼその活動を楽しむということに尽きるであろう。しかしながら、かくかくしかじかであるという事実を楽しむと語ることは稀なことではあれ、理解できることである。それゆえ、興味深いことに、活動を楽しむことにはしばしば思考が伴っている。というのも、セックスや飲食や運動については、それが気持ちいいということだけに基づいて楽しむことができるが、哲学することやガーデニングを楽しむことを同じように説明するのは困難であるように思われるからだ。この種の事例のすべてにおいて、楽しむことにとって重要なのは、善いものに見える何かを知覚することであるように思える。たいてい達成することそれ自体が善さであるということはよくあるが、そのように達成することにある善さ以外の善さがない場合がある。たとえば、クロスワードパズルなどの、それ自体は無意味なことをする場合がそうである。しかし、達成される過程にある何事かが、それ自体で善いと見なされることもある。だから、手を動かしたり鼻歌をずっと歌ったりしながら作業している人を見て、手のいろいろな動きを「よし、調子がいいぞ」と解釈したり、鼻歌を「よし、望みがかないつつあるぞ」と解釈したりすることがある。そこに楽しさを否定する要因がなければ、その手の動きや鼻歌を楽しさの表現と見なせるからである。ここで注目すべきは、こうした言葉遣いがいずれも命題的であることだ。ガーデニングの楽しさがこうした場合と似ていることには以前から注目していた。ガーデニングの楽しさは、そのほとんどが、快適な感じや運動の心地好さではなく、目前の達成（「きれいに埋まった！」）と、これから生じる善いことへの期待を意識することの楽しさにある。それゆえここでの善さは、楽しさから（ある意味で）帰結するのではあるが、むしろ楽しさに先立っている。そして明らかに同じことは、哲学をする楽しさについても言える。こうした楽しさを感じるときにわれわれがもっているのは命題的なものだが、とはいえもちろん、エピソードのように思い浮かんだ思考を必要とする仕方で命題的であるのではない。楽しさを感じるときに抱かれているのは、状況が現在どうなっているのかについての感覚であり、したがってそれは、エピソードのように思い浮かんでいることを本質的なこととはしていないからである。

このように言うと、心の表面を暗幕で覆ってしまうようで戸惑うかもしれない。しかし、先の命題的なものが信念に帰せられる時間系列に対して独特の関係にある点に気づけば、もどかしさはなくなるだろう。多くの信念は、ずっと抱かれていながら当人によって表現されることがなかったとしても、その人に現在時制で帰属させることができる。そのさい、帰属させられる時点でその信念が当人の心を占めていているかどうかは帰属の是非にはかかわらないのである。*2

これは、思考が、そしてとりわけ善についての思考が、幸福であることにおいて果たす役割のあり方のひとつだが、唯一のあり方ではない。というのも、ここまで扱ってきたのは楽しさだけであるが、楽しさが幸福の主要な要素と見なされるべきではないからである。誰かが人生で多くのことを楽しむならば、そのことは少なくとも、その人が幸福であると考える一因ではある。しかし、幸福であることは、喜ばしさ（gladness）と一般的に呼ぶことができるようなことがらである。喜ばしさは、たとえば、善い知らせを聞いたときや、善いものごとがきわだって感じられる場合のように、特定の瞬間に備わることである。しかし喜ばしさは、楽しさとは異なり、計測できるような時間的拡がりをもっているわけではない。そして、幸福であることに含まれる喜ばしさという部分もまた、頭のなかを占める思考という形態ではなく、ものごとがうまくいっているという感覚の形態をとることがある。自分の生のなかでのものごとのあり方におおむね満足していること、あるいは、少なくとも自分の生のなかに善いものごとがあると気づいていること、これらのことは明らかに幸福の大きな部分である。だから、「あなたは幸せですか？」という問いは、まさにこうした観点から、その人にとって現状がどのようであるかを問うことでもある。

われわれは、「幸せである」とかそれに類した言葉が使われるいくつかの異なる文脈を素描してきたが、最後に、「幸せな気持ち」という表現についても注記しておくべきだろう。この表現は、人が活力に満ちていたり、自信をもっていたり、楽しみを心待ちにしていたり、ものごとがうまくいっているという感覚を抱いたりといった、気持ちのありようを述べている。だから、ものごとが自分にとってうまくいっていると心底から信じていることもあるが、幸せであるという気持ちはかなり表層的なことであり、じつはまったくうまくいってはいないという本当の知識を包み隠してしまうこともある。

しかしながら、「幸福は人間であることにとっての善である」と言えるような「幸福」という言葉の説明としては、これまで述べてきたことが不適切であることは明らかだ。というのも、自分は素晴らしい人生を送った、というウィトゲンシュタインの有名な死に際での発言が思い出されるからである（それが真実であることを疑う理由はないと私は考えている）。とはいえ、この発言が幸せな気持ちという心の状態についてのことであると解釈されると、彼の生のように苦悩に満ちた生が善い生として記述されることには、われわれはかなり困惑することになる。ウィトゲンシュタインの発言が真実に思われたのは、たぐい稀なる情熱と才能をもって彼がなしたことゆえにであり、とりわけ彼自身の哲学ゆえにであった。そういえば彼は、「考えることの喜びは、私自身の生が固有のものであることの喜びである」と別のところで語っていたではないか？[*3] 喜びは善い生にとって本質的なものであるが、間違いなく、長く続く苦しみと両立する。これに関連して、私は本で読んだクェーカー教徒の老女のことを思い出す。彼女は、ひどく迫害され苦しんだあとで、聖書を伝道する自分の「喜びに満ちた生」について語っていた。彼女は自分の人生を幸福な生であるとは言わない。そう言っていたら困惑させられただろう。それゆえこの例も、「善い生」と「幸福な生」という表現について、「幸福な生」が単に満足、楽しさ、快楽といったことによって理解されると、ふたつの表現は同じ意味をもたないのではないかという疑問を抱かせることになる。

人間であることにとっての善だとたしかに言えるような幸福にとって、満足していることは必要条件でも、十分条件でもない。私はある医師の話を思い出す。彼は、一人の患者（その人は前頭葉のロボトミー手術を受けていた）を、「毎日、一日中落ち葉拾いをしていて完全に幸せなのだ」と語った。この話が印象的だったのは、「われわれの多くは、いま自分がしていることを一日中して幸せであるということはない」と私は考えたからであり、また、子どもに優しい父親ならば自分の（まったく正常な）子どもにそうした手術を施そうとするなどと考えることがどれほどおかしなことかと感じたからである。そうした処置が危険なのは言うまでもない。というのも、この不確実な世界で、患者に落ち葉を、そして子どもの人生に単純なおもちゃをずっと提供するように雇われた召使いが、本当にそうするかどうかは、誰にもわからないからである。この点を別にしても、子どもじみたことを求めてじっさいに人生を費やした人の生をわれわれが振り返ることを想像してみてもよい。その人がそうすることで完璧に幸せであったという記述は、じっさい適用可能な記述でありうるだろう。しかし、この例が示しているのは、人間であることにとっての善だと考えられる幸福についてわれわれが語るとき、快楽や満足（contentment）だけを意味することはできないということである。アリストテレスが述べたように、私たちは、子どものままでありつづけるという代価を払って、子どもの快楽に浸りつづけるべきではないのである。[*4]

幸福の「深さ」とは？

幸福という概念は捉えどころがないように思われるが、それなら、どのようなことであれば、道徳哲学において中心的な役割を正当に果たせるだろうか？　多くの人は、幸福とはある種の心の状態であると言うだろう。そしてその主張はたしかに正しいところがある。しかしながら、まさにここで誤解が生じているかもしれない。というのも、そのように〔幸福を心的状態として〕記述することにより、われわれは幸福という概念を、あたかも熱狂や上機嫌のような概念と同じ論理的文法をもつかのように考えがちになるが、これは正しくないからである。このことを理解するには、先に述べた子どもの快楽という考え方に立ち返り、これと大人の生活で善いとされうるものが交換可能だという考えをアリストテレスが拒否したのが正しいのはなぜかと問うてみればよい。子どもにとってその自然本性において不可能なこととは何か？　強烈な快楽ではない、それは子どももつことができる。また、熱狂や上機嫌といった心的状態でもない。これらの状態は特定の徴候が現れるときには述語づけることができる。つまり、たとえば、悲鳴や忍び笑い、そして子どもが喜ぶものを何でも欲しがるといった徴候である。もちろん子どもについて、水遊びや砂山づくりができて

「幸せである」と言うことはできる。ここに欠けている——しかもどうしようにも欠けてしまわざるをえない——ように思われるのは深さという次元である。われわれはこの深さという次元を成人のもつ「善さとしての幸福」に無関係だと考えることはできない。もし幸福を、人が獲得してきたさまざまな経験と信念から原理的に切り離せるような仕方で、「心のうちにある」ものとして考えるならば——そのときあたかも心的状態は、水面下のことに触れなくてもそこを這い回るアメンボによって十分描写できる池の表面であるかのように見られているのだが——われわれは誤っているのである。

重要なことは、深い幸福といった考え方は完全に誤っているということである。そして、人間の感情や思考の深さという考え方は、それ自体として容易には説明しがたいとはいえ、それでもさらに探求することが有益であると私は考える。[*5] われわれは、愛や友情や幸福に対して適用される「深い」という語の使用は、言語の他のどの部分とも同様に学ぶことができたことであり、それゆえ、公的規準をもつということに留意すべきである。とはいえ、困難はたしかにある。というのも、ここで人を悩ませかねない考えは、きわめて奇妙な考えだからである。私自身、ここでの深いものとは、深呼吸することや、心臓やほかの臓器のように甲羅のなか深くにあるものと何か関係しているという奇妙な考えにとらわれていた。もう少しまともであるものの、同じく誤解している見方は、深いものとはわれわれの生に多くのいざこざを引き起こすものだというものである。これが正しいはずがない。誰かが死の床で「つまらぬことで人生を無駄にした」と言えば、われわれはその人をとてもよく理解できるからである。つまり、本当は重要なことではないこと、たとえば、ちょっとした無礼なふるまいや、ゲルマント公爵夫人からのパーティー招待状がこないことなど[(1)]が、場合によっては強迫観念にまでいたるさまざまないざこざを生み出すこともある。深さという概念こそがまさにいまわれわれが理解しようとしていることである以上、こうしたものごとは深い感情をもたらしていないと述べることは役に立たない。また、何であれ死の床で人が気にかけることが、その人が深く感じていることであると考えてもうまくいかない。どんな奇妙なことでも人は死の床では言いかねないからである。[*6]

こうした考え方に特徴的なのは、還元主義的であることだ。深いものにかんする難解な命題について、より理解しやすい代替物を何か見つけようとしている。しかし、このこと自体がおそらくは誤りである。われわれが問題にしている「深い」は、「基底的」表現と呼んでよさそうなものを生み出している。そしてそのことにより、物理的には表面に現れていないものにまで遡及可能な何らかの連関をもちつつも、心理学的な文脈でその意味を部分的に規定している固有の周辺環境をもつことになる。[*7] 深い幸福を本当に帰属させるには、それが自発的な発話、行為、身振り、応答であることを表す特徴的な徴候が必要である。とはいえ、徳と幸福の関連を論じるにあたって少なくとも同等に重要なのは、原因と対象に対する制約があることである。このことは次のような事実によって示される。つまり、ある人が朝刊や牛乳について隣人と口論してとにかく勝つことに深い幸福を見いだすと述べることは、非常に特殊な背景を前提しなければ、「浮かれた」ふるまいや上機嫌についてどれほど考えてみても、意味をなさないという事実である。それに対し、子どもの誕生についての深い幸福や喜び（joy）はどうか？　これはまったく別の問題である！[*8]　重要なのは、単に人が何を言うかではなく、何についてそう言うかである。これを否定する理由がわからない。われわれは、深い幸せを、その対象から切り離した仕方で心理学的に説明できると考えてしまう。しかし、そもそもなぜそうした説明が可能なのか？　人間の生のあり方においてごく普遍的なものごとに対して人間が共有してもつ反応に、意味の共通性（communality of meaning）は依存していないだろうか？　こうした反応は、まったく異なる文化をもつ人たちにも共有されているのではないか？　もちろん、まったく同じではないだろう。しかしそれでも、ある特定の時代や文化に生きる人たちのあいだには類似性があり、それは、子どもの誕生に対する幸福の深さや、親や子どもや友人の死に対する悲しみの深さを理解するには十分な類似性なのである。

したがって、深い幸せの対象となりうるのは、人間の生にとって基礎的なことがら、たとえば、家庭や家族、仕事や友情といったことがらであるように思われる。これらはある意味ではありきたりのことがらである。たしかに、ウィトゲンシュタインのような人にとっては、その生の主要な喜びは真理の追究に、また、ほかの抜きんでた人びとにとっては、創作や秘境探険にあった。とはいえたいていの人は、もっとありふれた環境の内にその最大の幸福を見いだしている。たとえば、ガートルード・スタインの小説の登場人物であるアナという実直な女性のことを考えてみよう。アナはある医師に雇われていて、彼とその独り者の友だちに食事の世話をしている。それはアナの人生にとってとても幸せなときであったとスタインは続けている。[*9] この状況で「深い幸せ」という記述を用いるのは適切であると思う。なぜか？　彼らはたくさん食べ、アナは善い仕事をし、この世界で誇りをもって生きているからである。

ジョージ・エリオットの『ミドルマーチ』に出てくるケイレブ・ガースの場合もそうである。この人物は、われわれの感覚からすると少し厳格に過ぎるが、間違いなく地の塩として模範的な人間である。印象的な一節で、彼は妻に、ジェイムズ・チェッタム卿の所領の一部を管理するように求められたことを告げる。

ちょっとした仕事じゃないか、スーザン。妻子をみる必要がなければ、ただでも喜んで引き受ける仕事だね。……考えてみると、いい仕事が舞い込んで来たものだよ。このあたりを住みよい土地にすれば……いま生きている者も、これから生まれてくる者も、おかげでよくなろうというものさ。一財産作るより、このほうがいいね。これほど名誉な仕事はあるまい。[*10]

ここにも、深い幸せが示されているように思われる。そのことは、ジョージ・エリオットが描いている時代のイングランド経済では農業が優勢であったことを思い出せばより理解しやすいだろう。土地をよく手入れされた状態にすることは重要なことだった。それは、食料を得ることと、ガースがとくに気にかけていた、小作人たちの生計を改善することにも関係していたからである。土地とは自分にとっても他の人にとっても住処であり暮らしの糧である。そうした感覚が背景にあったからこそ、ガースは仕事を与えられて特別な喜び〔満足〕を示したのだ。

以上の例から、また総じて深い幸福についての議論から、私は以下のような考え方は疑ってみるべきであると論じたい。つまり、「幸福について語るとき、われわれは、具体的な対象についての信念から分離できる心の状態、たとえば、頭痛をもっていることや頭のなかで鳴り響く音色といった心の状態について語っている」という考え方である。[*11] こうした描き方は、大人の深い幸福を幼児に帰属させるのは不可能なことであるとわかったからには振り払うべきであるように思われる。もしも、その「成人の深い幸福」がその「若い子ども」にあることもありうると言うとすれば、「では、成人の深い幸福とは何なのか?」と問わざるをえなくなろう。

悪人は幸福でありうるか

したがって、人間の幸福という概念を探求するには、快楽と満足を備えた生を記述する以上のことをしなければならない。しかしながら、ありきたりの快楽や満足を備えた人生は、ウィトゲンシュタインが「素晴らしい人生を送った」と述べたときに言おうとしていた善い生と同じではありえないとするだけでは十分ではない。まだ何か大事なことが欠けている。というのも、たしかに議論の余地があると思われるが、邪悪であることと、もっとも大きく深い幸福とが一緒にあることに対して、われわれはまだ何ら明確な反論をしていないからである。

この新たな問題に関連して、だいぶ前にナチス隊員の話を読んださいに考えた例に注目してみよう。この隊員は収容所の管理をしており、そしてのちに「これから何が起こっても自分は敗者にはならない」と言ったと伝えられている。彼は、ブラジルでの生活も十分楽しんでいるし、過去のことをあまり考えたことがないとのことだった。ごく最近になって知ったことだが、この人物――グスタフ・ワーグナー(2)――は、自分を騙していた。のちに彼は自殺に至ったのである。おそらく、悪行には常に代償が伴い、自尊心がもてなくなるとか、他者に愛情をもって接することができなくなるとかいったかたちで現れるのである。[*12]

しかし私はこうした答えに満足してはいない。きわめて不確実な前提に依拠しているからだ。邪悪さと幸せが結びつく可能性について、私は本当のところ何を知っているのだろうか？　ワーグナーと同類の人たちについての文献に基づいて、あるナチの司令官――「Z」と呼ぶことにしよう――が毎日、収容所で多くの男女と子どものガス室での殺害を手配しながら、自分の「職務」を楽しんでいたと想像することができないだろうか？　快活に幸せな気持ちで彼は仕事に励み、職務上の問題を解決して達成感を得ていたかもしれない。ときには彼は、囚人たちを恐れさせ、手の一振りで死なすことも生かすこともできる力をもっていることに快楽を覚えながら、死や「処罰」の対象となる囚人を自ら選んだこともあるだろう。

われわれはこのディレンマを、次のように考えることによって回避することはできない。つまり、幸福とは単に楽しさと快活な気分と幸せな時間の問題ではなく、人が自身と自分の生について抱いている基底的な思いにまで繫がっていると考えることによってである。というのも、ここでもまたナチの司令官「Z」が勝利を得ることがあるように思われるからである。彼は収容所の囚人を虐待し、殺すさいの快楽を恥じてはいなかった。それどころか、ヒトラーの指令に鼓舞され、大義に奉仕し、アーリア人種の純化に貢献していると考えていた。彼が本当に満足していたということはありえなかったとわれわれが言うとすれば、われわれは事実を、そうでなければならないとわれわれが思い描くあり方に一致させようとしていることになる。このことは、ここにはそれ自身何か哲学的に興味深いことがあることを示唆している。というのも、ウィトゲンシュタインは、われわれが「なければならない」と言いたくなる場合に注目するならば、そこに、真理ではなく、むしろ「文法的な」（つまり概念的な）真理の歪んだ虚像を見いだせると教えてくれたからである。[*13]

以下では、愛情と友情という人間にとってのふつうの善――それは「Z」のような人間性を根本的に欠いた人が必然的に失ってしまうものであるのだが――について、具体的な事実が、どのような信念をわれわれがもつことを許してくれるのかを考えることを忘れないようにしたい。しかし私が検討したいのは、われわれがじっさい観察しているものを越えて論じようとする傾向性は、これから明らかにされるべき概念的真理を反映しているからだという考えである。たしかに、われわれはすでに単なる満足を人間にとっての善と同一視することを退けてきた。幸福における深さという次元が考慮されるべきであると論じて、邪悪な人の「自分たちは幸福な生を送った」という主張に疑問を表明したからである。しかしそれでも、人間の徳〔つまり人間としての善さ〕と人間にとっての善との関係について、根本的なことがまだ解明されないままに残っている。

この根本的なことを少しでも理解するためには、本書で理解される自然的な善さという考え方の核にある概念的連関に立ち戻る必要がある。

植物と動物についてもう一度考え直し、ある個体における善さおよび欠陥と、個体が属する種のメンバーにとっての繁栄との間の関係について考えてみよう。繁栄しているとは、ここではその生き物の生の形を具現していることである。それゆえ個体があるべき姿であるか否かを知るためには、その生き物の生の形を知らなければならない。生の形と善さとのあいだにある非常に一般的な概念的連関は、さまざまな生き物がもつ多様な生の形のなかで特定される。間違いなくこれは歴史的には進化論的説明による描写である。それぞれの種に属する個体は、その種自体が備える内的資源だけでなく、その種が適応してきた環境にも依存することになる。

身体的健康、知性や記憶といった能力などという観点からの善さは、ある生き物がその生き物の生の形を具現しているということを示す善さであり、その生き物にとっての善であるとしてよいように思われる。その場合には、人間という種における生の形の具現を人間が善い生をもつことと同一視できる限りで、本章での問題は、徳と善い生のあり方とのあいだの関係について、そしてこの関係と善い生を営む人の幸福との繋がりについてどのように考えるかにあることになる。これまで、たとえば「Z」の場合を考えたときには、われわれは、邪悪な人物が非常に幸福な生をもちうることを概念的には許さなければならないとしてきた。しかし、いまや私は、そうした結びつきを許さないような、人間にとっての善、さらには人間にとっての幸福についての理解の仕方がわれわれ自身の考え方のうちにはあると論じたい。そのような使用法は信心ぶったものでしかなく、真の幸福は神について瞑想することであるなどといった宗教的な言葉で定義したり、幸福をイスラム教の来世によって考えたりするような宗教的信仰に基づくと思われるかもしれない。しかしながら、それは誤解であり、ここには信者にもそうでない人にも認識されるべきことがある。とはいえ、これはきわめて難しい主題である。人間としての善さは徳をもつ人びとに属するのであるから、人間にとっての善は、徳ある人が善く行為することで獲得するものであると言うとすれば、それは性急である。[*14]

人間にとっての善を語るときにわれわれはそもそも何について話しているのか？　また、人間の生のあり方が信じがたいほど多様である以上、人という種に入る個体にのみ成り立つ善ということをそもそも考えうるのであろうか？　ここでそもそもどのような言葉を使えばいいのかということさえ明らかではないのではないか？　われわれはある人間について「繁栄している」と語ることはできるが、この言葉を人間という種に属す成員たちに適用すると、社会的栄達といった非常に特殊な意味合いをもつ。自らの生を善い生だとしたウィトゲンシュタインの記述をわれわれは受け入れるが、彼のように困難の多かった人を繁栄した人の例として提示するのは、この言葉を哲学特有の使い方で用いていることになる。

　人間にとっての善を語ることにさえ、たしかに、歓迎されない哲学的な臭みがある。こうした人間にとっての善という考えがすっかり馴染みのことであるかのように大上段から、たとえば、「幸福が人間にとっての善であるか？」などと問うたりする。こうした語り口をすることは、すでにわれわれが混迷しているということなのかもしれない。哲学において単語や表現に特殊な意味を与えることには何も問題はない。しかし、そのときには、その語や表現の意味が明らかにされていなければならない。さもないとわれわれは、強引な図柄を描くことで、議論を台無しにするような論理的文法をでっちあげることになりかねないからである。[*15]

　では、人間にとっての善を考えるにあたって、「繁栄」のような語がもつ非常に特殊な含みを避けながら、いま述べたような形骸化を、どのようにして回避できるだろうか？　私は、生が営まれる領域で使われている利益（benefit）という概念について考えることで、第一歩を踏みだせると考えている。ある生き物に利益をもたらすということは、つまるところ、その生き物にとっての善のためになる何かをすることと同じであるように思われるが、それは本当のところどういうことなのだろうか？　利益という概念は、正当な一般性をもっているように思われ、そこには、有機体において生ずる有益な変化と、外的危険からの保護との両者が含まれる。個体に利益をもたらすには、それに働きかける――それを改善する――か、逆にそれを取り巻く環境のほうに働きかける必要がある。聖ヒエロニムス[3]は、ライオンの脚を治癒し、ノアは方舟に乗せることで動物を洪水から守ったのである。[*16] しかしながら、植物や動物や人に、薬などのそれらを善くするものを提供することや、彼らの周辺環境を改善することが、結果として必ずしも利益にならないことに気づくことがある。聖ヒエロニムスのライオンが苦痛から解放されて跳び出したのはいいが、今度は罠にかかってしまったならば、聖ヒエロニムスは、そのライオンに利益をもたらさなかったことになる。人間の場合に話を戻せば、われわれは、以下のような事実を知っている。つまり、健康な男たちこそが炭鉱に送られていた時代があったこと、また、ヒトラーやスターリンの強制労働収容所内の病院（「病人小屋」）に人道的な医者がいて、患者たちが早く職場に復帰しないように配慮していたといったことである。

ナチスの囚人たちの幸福

そこでとくに人間にかかわる利益概念を考えることにしよう。そしてこの議論を、仮想上でありながら実在してもおかしくない人物「Z」の場合でも、邪悪と至福が結びつくことを許さないような幸福についての考えを理解する第一歩にしたい。議論を始めるにあたり、利益という考えについての共通理解を手がかりとする。まず、連続殺人鬼フレデリック・ウェストとローズマリー・ウェストのような本当に邪悪な人間のことを考えてみよう。彼らの虐待と殺人の被害者のなかには自分たちの子どもさえ含まれる。彼らは何年も見つかることなく思いのままに性犯罪をおかしてきたが、それは寿命が尽きるまで続くこともありえたかもしれない。すると、そのふるまいによってこの夫妻にこうした生活を可能にしてしまった人びとの「貢献」について、なんと言うのが正しかったのだろうか？　彼らはウェスト夫妻に利益をもたらしたのだろうか？　そのように言うのを自然と拒んでしまうとすれば、そこにわれわれは普通は表立ってはいない概念的真理を見ているからである。私はそう思う。しかも、ここで利益と、ある人にとっての善になるものとのあいだにふつうの概念的連関が成立しているならば――そしてそれが成立しているのはたしかだと思うが――それにかかわるものが表面に浮かび上がってくることになる。

幸福がこのように――徳と概念的に分離できないものとして――理解されうるということは、長年私を悩ませてきたもうひとつの例によってさらに明確に示すことができる。ナチスに反対した非常に勇敢な男たちの例である。[*17] 当時まだ若かった彼らの多くについて、私は、彼らの手紙を集めた『生と死のはざまで』という本によって知った(もっと多くの人に読まれてしかるべき本である)。[*18] これらの手紙は、ナチス支配下のドイツで判決を受け、死刑に処せられようとしていた囚人たちが、妻や両親や恋人に宛てた手紙である。生きることを諦めざるをえないことで自分が何を失ってしまうかについての痛切な感覚を伝えている。手紙が書かれたとき、彼らの死はすでに確定していた。彼らが何を言い、何をしたとしても、死から逃れることは誰にもできなかったであろう。しかし、それより前には、たとえば、彼らのなかの一人の牧師はユダヤ人への虐待を非難する説教を止めるのを拒絶したが、そのときには、自分の家族と過ごす生と収容所のなかで待ち受けている死とのどちらをとるかを選択することもできたのである。いずれにせよ彼らの誰一人として、反ナチス的な信条を放棄して、最後に少しはましな扱いを得ようなどとはしなかった。私はそう確信している。そこでこの例を変更して、手紙を書いたときにも彼らにはまだそうした選択の余地が残っていたと想定してみよう。

事態がそのように展開したなら、これはとりわけ興味深い事例になる。というのも、すでに示唆したように、彼らが過ごすことになった悲惨な時期がなかったならば、彼らの多く——「手紙の書き手たち」と呼ぶが——はとても幸せな生活を送ったであろうからである。手紙の文面からは、手紙の書き手たちには人生における最善のものを楽しむこと、つまり最高の幸福が相応《ふさわ》しかったという印象を受ける。それゆえ、彼らは自分の幸福を犠牲にすることを承知の上でそのような選択をしたのだと言う人もいるだろう。しかし、それだけではなく他にも言えることがあると思われる。手紙の書き手たちには、ナチスへの協力を拒否して自分の幸福を犠牲にしたという感覚だけでなく、自身の幸福を犠牲にしたわけではないという感覚もまたあったのだと考えることもできるだろう。コンテクストを抜きにして抽象的なレベルで見れば、彼らが切望したもの——家族のもとに帰ること——はもちろんどの点からしても善いことであった。しかし、彼らがおかれた状況では、この目的を正しく名誉ある手段で果たすことは不可能だった。そしてこのことが、私が思うに、屈服すれば得られたであろうものを自身の幸福と見なさない彼らの感覚を説明している。人生における幸福は自分たちには可能なことではない。彼らがそう言ったとしてもいい[*19]。この問題の根底に辿りつくには、手紙の書き手たちのような性情の人が、ナチスに協力していた場合に間違いなく後に感じることになった羞恥心を考えてみれば十分だと思われるかもしれない。たしかにこの点は重要である。というのも、手紙の書き手たちは、その後に起きたことはすべて、それらがそのようなナチスへの協力行為によって得られたという事実によって、汚されてしまったと感じたかもしれないからである。しかしそれはことの核心ではない。ナチスに協力したことの知識をそのあと彼らの人生からずっと取り除いてくれる「忘れ薬」を提示されたとすればどうか？　たとえそんなものがあったとして、彼らはそれを受け入れはしなかったであろう。つまり、それを受け入れることに幸福があると、彼らには思えないあり方があったということである。[*20] 私がこだわり理解したいのは、この後者の困難な思考である。少なくともこうした思考があることは、徳から切り離された幸福という考え方が、われわれがわれわれ自身の思考のなかに見いだす唯一の幸福概念ではないことを明らかに示している。

ここで示されているのは、人間であることにとっての善は幸福であると考えられるが、しかし、幸福を邪悪さと結びつけることがア・プリオリに排除されるような仕方でそう考えられるということである。自分の人生を素晴らしい人生であったと述べたウィトゲンシュタインは、自分の生が有徳な生であったと言おうとしていたわけではない。とはいえ私は、生のあり方において悪であると見なしたものをウィトゲンシュタインが幸福の源泉であるとは考えなかったと確信している。もちろん、善い生について完全性を問題にするならば、人間のどんな生も善い生ではありえないだろうが、善い生という概念が適用される事例もないことになろう。それにもかかわらず、アリストテレスが『ニコマコス倫理学』第一巻でエウダイモニア〔幸福〕を徳に従った行為と説明して導入したとき、彼は、何かそれについて私たちもそれなりの考えをもっているように見えるものを描いていた。彼は、エウダイモン[(4)]〔幸福な人〕と見なされる人の生には、好ましい外的環境が必要であると強調した。プリアモスをエウダイモンと見なすことは、自分の都市が侵略され息子たちを失うといった酷い不幸に見舞われた以上、誰にもできないとアリストテレスは論じている。とはいえ、徳に従った活動であることが、その徳がどのようなものであると後に判明するにせよ、『ニコマコス倫理学』第一巻で導入されたエウダイモニア概念自身の本質であったのである。

幸福の多面性

本章の結論は、幸福という概念は同時にさまざまな現れ方をする変幻自在の概念であるということになる。先の医者が自分の患者について、「一日中落ち葉拾いをしていて完全に幸せなのだ」と言ったことに、たしかに誤りはない。また、月桂樹のごとく繁栄する邪悪な人の話にも、受け入れざるをえない悲しい真理が含まれている。しかし、幸福という言葉には三つ目の解釈がある。正義のために自らの人生を犠牲にしているときに、「自分の幸福を犠牲にしている」と言うのではなく、「幸福な生が自分には不可能なことであるとわかった」と言うであろう人をわれわれが理解しなければならないときの解釈である。(5) 幸福という概念のこうした解釈を、幸福であることを人間にとっての善と同一視するならば、無視することはできない。

幸福とその徳との関係にかんする現代的な論争によると、私自身の見解は以下のようになる。私は、ジョン・マクダウェルの次のような見解に同意する。すなわち、アリストテレスのエウダイモニアには徳に一致した活動であることがその意味として含まれており、われわれはエウダイモニアに近い意味で「幸福」という語を理解しているという見解である。[*21] 私自身の言葉遣いでは、ここで「幸福」は善いものを楽しむこととして理解されるが、それはつまり、正しい目的を成就し追求することを楽しむということである。しかし私は、マクダウェルが明らかに行なっている幸福と有徳な生との同一視や、徳のために必要な行為によって生ずる喪失は「何ら喪失ではない」という考えは受け入れない。道徳的な選択のうちに本当の悲劇がある可能性をマクダウェルはあまりに小さく考えているように私には思われる。私自身としては、むしろ、善さだけが達成できる種類の幸福はたしかにあるものの、人生において運の悪いことがひとつでも起これば、最善の人でさえ幸福になれないことがあると言いたいと思う。

　このようにマクダウェルと袂を分かつことで私は、マクダウェルの「厳格主義」と名付けてデイヴィド・ウィギンズが加えた批判に同意することになる。また私は、ウィギンズがこの問題とのかかわりで、人間感情についてのヒューム説を取り上げようとしていることにも注目したい。なぜなら、善い人は、自身にとっての善さが欲求や行為の善さと結びついていることを見てとるだけでなく、喜び、誇り、栄誉心といった感情を伴って、結びついていることを感じるのでなければならないからである。[*22]

原注

*1　ニジンスキーとの結婚はあなたの人生を崩壊させるだろうと告げられたとき、後のニジンスキー夫人は次のように答えた。「何を差し置いても私は彼と結婚するつもりです。……私は彼なしで幸せになるよりは、ニジンスキーの才能に仕えて不幸になるほうがいいのです。」Romola Nijinsky, *Nijinsky*, 204.

*2　ウィトゲンシュタインは、さまざまな「心理的概念」が「時間的に計測可能（'clockable'）」になる仕方についての違いの重要性を強調した。『心理学の哲学』（『ウィトゲンシュタイン全集補巻2』野家啓一訳、大修館書店、一九八八年、一九-二六頁）第二巻第四三-六三節。

*3　'Die Freude an meinem Gedanken ist die Freude an meinem eigenen seltsamen Leben.' 一九三一年の草稿であり、Norman Malcolm, *Ludwig Wittgenstein: A Memoir*, 84 に引用されている〔同書の邦訳は『回想のヴィトゲンシュタイン』（藤本隆志訳、法政大学出版局、一九九三年）として出版されているが、この邦訳の底本は原著第一版であるのに対し、フットの引用箇所は原著第二版のみに含まれており、訳出されていない。しかし、この文章のオリジナルとなった手稿は『文化と価値（Culture and Value）』のなかにあり、以下に訳されている。『反哲学的断章――文化と価値』（丘沢静也訳、青土社、一九九九年）、六〇頁〕。

*4　アリストテレス『ニコマコス倫理学』（「アリストテレス全集一三」加藤信朗訳、岩波書店、一九七三年、三二九頁）第一〇巻第三章、一一七四a一-三。

*5　かつて私は、生や文学における深さという難しい概念について、アイザイア・バーリンと論じた。数年後、この問題がまだ気になっているかと尋ねたところ、彼はちょっとふざけながらも独特の口調で、「ずっと、ずっと考えている」と応えた。残念ながら、私がここで述べたことに彼が同意するかどうかをいまや知る由はないが、ここで私が論じている「いざこざ（disturbance）」論を彼が断固として拒否したことはたしかである。

*6　ウィリアム・ピット（小ピット）〔一七五九-一八〇六年。イギリスの政治家、首相〕の辞世の句は「おお我が祖

国よ、祖国を置いていくことなどできようか！」とのことだが、別の記録によれば、「ベラミー子牛のパイを食べたいものだ」とされている。Lord Rosebery, *Pitt*, 269 と Appendix D を参照。

＊7　ここで、ウィトゲンシュタインの、言語の内にあるものは「公的規準を必要」とする、という主張を思い返すべきである。『哲学探究』（「ウィトゲンシュタイン全集八」藤本隆志訳、大修館書店、一九七六年、三〇四頁「内的な出来事は外的な基準を必要とする」）第五八〇節。

＊8　米国の政治家グローヴァー・クリーヴランドは、その国ですでに高い地位にあったが、待ち望んでいた子どもの誕生のあと、友人に「今日私は、本当の世界に第一歩を踏み出した」との手紙を書いている〔このクリーヴランドは、フットの母方の祖父である〕。

＊9　ガートルード・スタイン「お人好しのアナ」（『三人の女』落石八月月訳、マガジンハウス、一九九〇年）、三五頁〔「アナが陽気な独身医師の世話をすることになったので、ドイツ人的な、独身女としての彼女を違う角度から見ることができる。彼女自身の習慣は昔どおりで、夜中に何時でも起きて食事の支度をしたり、肉を焼いたり、鶏を揚げたりするのも昔もしたことだが、いまはそれをシェンジェン先生と独身の友だちにしてあげられるのがうれしくてイソイソと励んだ」〕。

＊10　ジョージ・エリオット『ミドルマーチ』（「世界文学全集三〇」工藤好美・淀川郁子訳、講談社、一九七五年）、四四八－四四九頁。

＊11　こうした状態であれば本当に心の状態であるということではない。それなのに哲学者はしばしばこれらをそれとして心の状態であると語り、それゆえに混乱に陥ることになる。

＊12　ヒトラーやその仲間たちが、たった一人でも子どもをガス室に入れる準備をしていた以上は、彼らが子どもに対して感傷的な愛以上のものを抱いていたなどと考えられるだろうか？

＊13　ウィトゲンシュタイン『哲学探究』（前掲書、六九－七〇頁）第六六節を参照。〔ウィトゲンシュタインはこの箇所

で、前節で登場した「言語ゲーム」の本質を問う論者への批判を展開している。ウィトゲンシュタインは、「ゲーム」と呼ばれるものに共通の特性（「ゲーム性」）を探すとき、ゲームの本質にあるような何かを見つけ出そうとするのではなく、共通の特性を「見よ」と言う（「考えるな、見よ！」というフレーズがくりかえされる）。彼によれば、ゲームに共通するものが知りたければ、「ゲーム」とよばれるすべてのものの一覧を見るほかないのである（直後に「家族的類似性」という有名な概念が言及される）。

＊14　エリザベス・アンスコムもギャヴィン・ローレンスも、性急な思考を非難されるような哲学者ではない。しかし私は、彼らが、悪い目的をもった人の単に利口であるにすぎない実践的推論についての説明からただちに、その人は「自分自身のために禍悪を獲得した」という主張まで進まなければよかったのにと考えている〔本書第5章注4参照のこと〕。たしかに、アリストテレスはまさにその通りのことを、実践的推論を論じるさいに述べているように見える。『ニコマコス倫理学』（『アリストテレス全集一三』加藤信朗訳、岩波書店、一九七三年、一九八-一九九頁）第六巻第九章、一一四二b一七-二〇。しかし、問題は、彼が言っていることをわれわれが受け入れるのは何によってであるかということである〔フットにとって、「利口である（clever）」は、任意の目的に対して正しい手段を踏む能力を意味するのに対し、「賢い（wise）」は善い目的に限ってそれに対して正しい手段を踏む能力を意味する。後者がかかわるのは、特定の技法（art）ではなく、人間の生全般である（Foot, *Virtues and Vices*, 6)〕。

＊15　ここで私は、たとえば、哲学者が自分の頭を指さしながら「思考（mind）」を語ろうとするようなことを考えている。「まだ考えが定まらない」とか「すっかり混乱している」と言うときに頭を指さす人はいないし、教師は生徒の思考の特徴を記述するさいに、生徒の頭について考える理由はまったくない。

＊16　この点とのかかわりで私は、動物は自然な生といったものを何がしか全うしない限り繁栄しているとは言えないと指摘しておきたい。動物は、人工給餌によって生きることや、人工手段によって繁殖することからは利益を受けない。なぜなら、そうした生はその生の形にはまったくほどとおいからである。過度の従順さのように、不自然に改造された

動物を生存に適したものにしている性質は、その種に属する個体における善さではなく、むしろ欠陥であろう。

＊17 ギャヴィン・ローレンスとの多くの議論のあいだこの事例はずっと私の頭を占めていたし、彼との議論にはとても助けてもらった。

＊18 H. Gollwitzer, K. Kuhn, and R. Schneider (eds.). *Dying We Live: The Final Messages and Records of Some Germans who Defied Hitler*.

＊19 これらの手紙を読んだ人びとに衝撃を与えたのは、手紙が放っている異常な幸福感であった。おそらくそれは、事実上書き手がすべて、自分は神に課された使命を果たしていると考えていた敬虔なクリスチャンだったという事実に関係している。こうした信仰が過酷な状況下にいる人を救うことができないこともよくあることではある。しかし、その場合でも勇敢な人は、起こってしまったことをある特定の記述のもとではよしとするかもしれない。たとえば、拷問を受け、朦朧としながら監房に戻されたとき、自分は情報を提供しなかったことに気づいて「よかった！」と言う人のようにである。翌日起こることへの痛切な恐怖があるにもかかわらず、彼はそう言うのだ。

＊20 それを幸福と捉えるには彼らは変わらなければならないが、彼らはそういった変化の可能性を受け入れないだろう。これは、たとえばすでに隠居生活をしている人が、自分が公的な役目を果たしながら幸せにしている姿を思い描けないものの、自分を変えることができたらうれしいと思う場合とは異なる。むしろここで関係しているのは、人は自分の愛する人のために、「窮地において」自分の徳をうまい具合に放棄できることを願いはしないだろうという事実である。このことは、特定の仕方で行為する根強い傾向性を人は一気に変えることはできないという事実をあまりに重視するような「徳倫理」理論の不適切さを示している。

＊21 とくにマクダウェルの 'The Role of *Eudaimonia* in Aristotle's Ethics' と 'Eudaimonism and Realism in Aristotle's Ethics' を参照のこと。

＊22 Wiggins, 'Eudaimonism and Realism in Aristotle's Ethics: A Reply to John McDowell' を参照のこと。

訳注

（1）M・プルーストの『失われた時を求めて』第三篇、『ゲルマントの方』のなかで描かれているエピソード。社交界の虚飾と同時に、人間心理の微妙なひだを語っている。
（2）ナチス・ドイツ親衛隊（SS）の下士官。
（3）キリスト教修道者・聖書学者。ラテン語訳聖書（Vulgate）の主な完成者。
（4）ギリシア神話の登場人物で、トロイ王であり、トロイ陥落時に殺された。
（5）「そうしないことを選ぶこともできたはずなのに、それを選ぶ、しかも積極的に選ぶ」場合であり、しばしば「実践的必然性（practical necessity）」という言い方で論じられている事態である。ルターの「私はここに立つ」が事例としてあげられる。

第7章

反道徳主義

「魂の内の正義」を疑う反道徳主義者

反道徳主義は近年あまりとりあげられることのない主題である。最近の多くの著作の索引にこの語を見出しとする項目が見あたらなくてもおかしなことではない。多くの現代の道徳哲学者はプリチャードに同意しているように見える。彼がプラトンを非難したのはあまり好ましくない事実として有名だが、その非難は、プラトンがトラシュマコスとカリクレスのような(『国家』と『ゴルギアス』に登場する)反道徳主義者からの挑戦に応じたことに向けられている。[*1] 彼らの挑戦とは、正義の人が不正な人よりも幸せであることを示せというものであった。また、〔反道徳主義者である〕ニーチェの著作は今日の多くの分析哲学者の関心を引いているものの、彼と正面から対峙しようとする人はほとんどいない。対峙しようとする人がいないことの理由が、そもそも反道徳主義という考え方自体を理解するのが困難だからということでしかないなら、そのような態度は間違っていると思われる。ニーチェは、自分は道徳の前提を攻撃していると述べていた。では、道徳に前提があるのだろうか？　あるとすればどのような前提でありうるのか？　反道徳主義という主題について、本書のこれまでの章で提示した道徳的評価の説明をもとに考察することにしたい。

『国家』のなかで反道徳主義者の言い分は、ソフィストのトラシュマコスと（悪魔の代弁者としての）グラウコン・アデイマントス兄弟によって提示される。この兄弟は、第一巻でソクラテスによってなされたトラシュマコスへの論駁に満足してはいない。[*2] トラシュマコスは、正義（つまり、正しい人の正しい行為）とは強者の利益に資することであると述べ、最初は強者を自らの利益のために法を定める支配者であるとしたが、後には、契約などにおいて正直者を裏切り、「他人のものをだましとるときにも、力ずくでとるときにも、狙うのが神物であれ世俗のものであれ、個人のものであれ公のものであれ、少しずつ掠めとるようなことをせず、一挙にごっそりと奪いとる」強く無慈悲な人であるとしている。[*3] そうした強者は、報復を免れるほどに強く、徳ではなく愚かな生来のお人好しでしかない従順さをもった正しい人たちが進んで引き受ける被害から利益を得る。したがって不正な人の生は正しい人の生に優っている。不正義をじっさいに行なう強者たちは善い方針（*euboulia*）に従っていて、賢くて善いものたちである（*phronimoi and agathoi*）。それゆえ、不正義よりも正義を称賛するのは誤りである。

ソクラテスはトラシュマコスを締めあげはしたが、グラウコンとアデイマントスを満足させはしなかった。二人は、不正義を支持するもっとも強い議論をソクラテスは論駁できていないと考え、その議論をソフィストに有利なかたちで展開しようとした。彼らは、正しい人たちの生のほうが不正な人たちの生よりもより善い、という自分たちの見解を確認したがっていた。それゆえグラウコンは、反道徳主義者の立場に立って、次のように論じる。たいていの人は、不正義はそれ自体としては正義よりも善いと考えており、彼らが正義を称賛するのは、社会が正義に付与している報酬のためでしかない。不正なままうまく逃げきれない人にはたしかに正義のほうが善いが、しかし、最善なのは強者であって不正な人の生なのである。正義を称え実践する人たちがそうしているのは、不正義を恐れているからにすぎない。最善の生を送ることができないので、彼らは次善の生――不正義を被ることも行なうこともない生――に甘んじているのである。彼らが正義を行なうのは彼らの意に反してのことであり、不正義を加えることができないからである。このことは、指にはめると姿を消すことのできる魔法の指環(1)によってどのような害をも被ることがなくなるなら、彼らのうちの誰一人として正しく行為することはないだろうという事実が示していることである。そうした能力をもつ人が略奪を控えるとすれば、その人は称賛されるどころか、もっとも愚かな人であるとされるだろう〔このようにグラウコンは論じたのである〕。

グラウコンはソクラテスに、賞罰からまったく切り離して、魂の内にあるときのようにそれ自体としての正義が、不正義より善いことを示すように求める。そして議論のなかで、正しい人なのに不正と見なされる生と、不正な人なのに正しいと見なされる生とを対比させ、正義と不正義は賞罰を脱ぎ捨てることになると述べる。グラウコン自身は、正義はその帰結のためだけでなく、それ自体のために望まれるような善いものの一種であると信じている。グラウコンはその通りであることをソクラテスに示して欲しいので、正義を、体操や医療などの、その結果においては有益であるもののそれ自体としてはわずらわしいものごとではなく、思考や視力や健康などに喩える。アデイマントスもまた同じように要求する。つまりソクラテスに、それをもつ人の魂の内で不正義が最大の害悪であり、正義が最大の善であることを示すように求める。それが示されなければ、最善の方針は不正でありつつそれがみつからないことになるとアデイマントスは言う。つまり、人が求めるべきは、正義ではなく、正義のように見せかけることであることになる。

以上が『国家』第一・二巻で描かれた反道徳主義者の立場の骨子である。ソクラテスは、魂の内にある正義とは何かを示すようにというグラウコンとアデイマントスの要求に応えて、この立場に決然と対峙する。つまり、正義は魂における不具合ではなく健康なのだとソクラテスは応じる。ソクラテスは、幸福が、富や力、あるいはまたそのほかのトラシュマコスが挙げるどんな有益さに由来することも否定し、魂における調和にあることを強調する。

『国家』の残りの箇所で展開される議論は本書の主題にはかかわらない。目下の私の目的にとっては、プラトンが描く反道徳主義にわれわれ自身はどのように応答したくなるかを問うほうがよい。

しかしながら、次の点についてもう少し考える必要がある。魂の内にある正義をそれ自体として見ることで、そもそも何が理解されるのか？　ここで内側のものおよび外側のものとは何なのか？

火星人から見た「友情」

この最後の問いは、困惑を生みだすだけの結果になりやすい。しかし、ふたつのアナロジーが助けになってくれると思う。まず、たとえば、地球を訪れたさほど知的ではない火星人たちが、人間のあいだに成立している友情に出会ったと想定してみよう。この火星人たちは、われわれと会話したり、われわれの文字や哲学を読み解いたりすることはできないが、友情というこの地球上で生じている現象を学ぶことになる。彼らの報告では、人間たちはほかの人間たちと、互いに助け合うこと以外に何ら報われない奉仕と思われることをなすことで結びついている。ここには暗黙の協定があり、もし人間AとBが友人ならば、各々は困難に直面したとき相手に頼ることができるようだ。また、贈り物を交換することもあるようだ。奉仕も贈与も、与える側にはかなりの厄介ごとでありうる。人間たちは明らかにこうしたことをしているが、それは、飛び抜けて裕福で力のあるごく一部の人を除いて、誰もが友人を必要とするからである。普通の貧しい人間は、裕福で力のある人でありたいと思うが、友人のいない孤独な状態を恐れて、次善の策、つまり、友人をつくり、友人を頼れるようになることで妥協する。友情という制度は彼の役に立つため、彼はそれを称賛する。

火星人たちによる友情の理解は、プラトンが描く反道徳主義者による正義の理解にきわめて似ている。火星人は、友人がするように行為すること自体は、〔結果的に有益であるがそれ自体はわずらわしい〕体操や医療と同様に、好ましいことではないと考えるだろう。しかしながら、人間としてやっていくには、そのように行為することは、その結果得られる報酬ゆえに意義がある。その報酬を、友人であることに伴う義務をじっさいには負わないままに友人と呼ばれることで得ることが可能ならば、誰もがそれを求めるだろう。もちろん私のアナロジーの要点は、人間の生において友情がじつのところどんなものなのかを、こうした火星人が理解し損ねているという事実を指摘することにある。そして、ここでその子細に立ち入るよりも、むしろ彼らがどのように捉え損ねているのかを記述することで、とくに哲学的な主張を込めずに、友情とは人間の頭と心のなかではじつのところ何であるのかを記述することになる。友人のために行なうように友情が要求することは、たしかに重荷になるかもしれず、生命そのものすら巻き込むかもしれない。しかし、友情によってなされることは、喜んでなされることであり、愛をもってなされることである。だから、結果を後悔することはあるかもしれないが、それを恨むことはない。最善の生はうまく友情を装うことにあるなどということが真ではないこと、つまり、自分の役に立つ友人をもつが自分自身は本当の友にならないといったことが最善の生ではないことを、われわれは十分に知っている。こうして、友情についてのトラシュマコス流の見解が誤りであることは、ただちに理解されることになる。

火星人から見た「親子関係」

これは特殊な事例でもない。同様のアナロジーは、友情ではなく親子関係を主題にしても提示できるだろう。ここでもまた知性を欠いた火星人は、親たちが子どもの世話に価値を見いだしているのは、刈り入れを手伝い、老後の世話をしてくれるからでしかないと考えるかもしれない。そしてこの例からも、前章の「手紙の書き手たち」について論じたさいに浮かびあがった、自身にとっての善という概念の存在を見てとることができる。[*4] 子どもに愛情を抱く親は、子どもにとっての善が危機にさらされている状況で、「あなたは自分自身の善だけを考えるべきだ」と言われたりしたら、困惑するだろう。また、たとえば、ある場所に住んで親が好きな仕事をすることと、別の場所で子どもがよりよい教育を受けることとの、どちらの利益をとるかを考慮するのは当然のことである。しかし、愛情を抱く親が、子どもにとっての善と自身にとっての善を切り離してしまわないあり方がある。ここで一方の善が他方の善に影響するからだと考えるのは間違っていると私は思う。ジョウゼフ・コンラッドの小説『万策尽きて』の船長は、幼いときに郷里に残してきた娘に仕送りするため、自分のボートを（それは彼の日々の生活の糧すべてであった）惜しみつつも幸せを感じながら手放した。この小説は批評家から感傷的と評されるかもしれないが、それでもここには真実が含まれている。[*5] 彼が自分の将来よりも娘のことをさらに深く思っていたとすれば、自分にとっての善と娘にとっての善は彼の心のなかでは対立しえなかったと言えるようなひとつの意味があるのである。

もちろん、こうしたアナロジーが「魂の内にある」正義とは何かを理解する助けになりうるかは疑問に思われるかもしれない。結局のところ、われわれには、負債を払ったり、約束を守ったり、他人の財を盗むのを控えることを、愛ゆえにするとは考え難いのである！ それは当然のことだ。ヒュームは、道徳的な生において共感が果たす役割をかなり強調したが、不品行な債権者に返済するといった状況を扱うことの難しさを認めなければならなかった。それでも、現代の道徳哲学者たちが行為そのものではなく徳について考察を行なっていることは、徳倫理学の諸説に対する近年の関心がもたらした有益な点である。というのも、アリストテレスがたしかに正しく区別したように、正義の人がすることを行なうことは、正義の人がするようにそれを行なうこととは違うからである[*6]。アリストテレスの強調点は主として、真正な正義にかんする原理の安定性にある。しかしわれわれは、この原理の安定性を、その背後にある、どんな人間に対してもある種の敬意が払われるべきだと自覚している人の思考、感情、態度といった観点から考えてもよいだろう。そのうえでここでは、正義を愛する人について語ることは、真理を愛する人について語ることと同様に理解できるものであると確認しておけばおそらく十分だろう。

しかしながら、アリストテレスの時代から世紀を跳び越えて、いわゆる反道徳主義者の筆頭であるニーチェに向きあうと、話は複雑になる。少なくとも分析哲学の伝統内では、道徳をめぐってニーチェと本当に対決してきた現代の道徳哲学者はほとんどいない。概してわれわれは、何も問題がなかったかのように、道徳判断を自明視してきた。哲学者という番犬として、吠える機会をわれわれは逃してしまったようだ。この事態は、ニーチェという天才と、彼がいまなお与えつづける多大な影響を考えると、たしかにかなり奇妙である。というのも、J・P・シュターンが、ヒトラーがニーチェの重視した価値を具現化してみせたことを誇張していることはたしかであるが、[*7]また、ニーチェはときに反ユダヤ主義への異議を公言してはいたが、それでもナチスはニーチェを引き合いにして民族浄化政策を擁護することができたのである。この事実だけで、われわれの目は醒めるはずだ。

私はニーチェに挑戦したいと思う。しかし、争うべき論点を決めることとさえ困難であることからしても、じっさいそれを行なうのは容易ではない。ニーチェは反道徳主義者を名乗り、道徳性それ自体を自分は攻撃していると述べている。しかし彼はこの点において首尾一貫しておらず、多くの解釈者はニーチェが本当の反道徳主義者であることを否定している。呼び方はどうでもよいが、思うに、「反道徳主義」と呼びうる少なくとも二つの主張をきちんと分けないままニーチェに立ち向かうことはできない。

ニーチェの主張①——自由意志の否定

第一は、自由意志は幻想にすぎないというニーチェの主張である。道徳的責任を問うのに必要とされる自由意志の存在を否定するこうした見解が、ニーチェの反道徳主義の中心にあるということは近年精力的に論じられている。というのも、こうした見解が、彼の道徳に対する攻撃が「憐憫道徳」だけでなく「道徳自体」までも射程に収めていることを説明するからである。[*8] このことは正しいと思う。しかし、ここでは彼の自由意志に対する攻撃は無視したい。というのも、この攻撃でニーチェが標的にしているのは、自然の外側にありながら、この世界の内に行為を引き起こすように介入する純粋な実体という観念だからである。おそらく彼はカントの叡智的自己[(2)]のようなものを念頭においている。仮象としての世界の背後にもっと実在的な世界があるという考え方についても、たしかに彼はカントやショーペンハウアーと全面的に敵対している。じっさい自由意志の否定は、少なくともある種の道徳に対するニーチェの攻撃の軸のひとつであった。というのもニーチェは、そうした形而上学が道徳的責任という考え方や功罪に基づく道徳には不可欠であると考えていたからである。これらを一掃することは、道徳の本質にあって、復讐への唾棄すべき愛を示していると彼に思われた種類の判断、とりわけ誰かを非難し、責任を問う判断を破壊することになる。ニーチェは罰という考えを嫌悪しており、（まったくもっともなことに）罰することに強い衝動を抱く人をわれわれは信頼すべきでないと語っている。*9

それではなぜ、私は自由意志を否定する彼の議論を無視しようというのか？　道徳それ自体を脅威にさらすためには、ニーチェは、彼の理解しているような自由意志が幻想であることだけではなく、自発的行為と非自発的行為を区別するどんな方法（たとえばアリストテレスの区別法）もないことを示さなければならなかったからである。この点で彼は誤っていたように思われる。さらにもしかすると、自発的行為と性格にかんする道徳的評価は、彼が道徳的判断（の仕方）だと考え、それゆえ本質的に不当だと述べたたぐいの責任帰属を必要とすると考えた点でも、彼は誤っているかもしれない。バーナード・ウィリアムズは、ニーチェについて論じながら次のように述べている。

行為について別の文化では異なる描像が描かれてきたこと、そして、行為という観念そのものが透明に特定の対象を指示しているとは言えないことを思い起こせば、こうした意志という描像がなくても、行為の一貫性（integrity）、つまり行為のうちに行為者がまさしく現れていることは保持されうることが見てとれるだろう。*10

もしこのコメントが正しければ、ニーチェの反道徳主義が与える脅威を真面目に受け止め、それにどうやって応じるかを問う私のような者にとってもっとも重要なのは、魂についてのニーチェの形而上学ではないことになる。

ニーチェの主張②――キリスト教道徳への批判

こうした理由から、ニーチェの反道徳主義の別の道筋に向かうことにしよう。つまり、彼の初期の著作――たとえば『人間的、あまりに人間的』――においてとりわけ顕著だったキリスト教的な道徳のあり方に対する攻撃である。そこでニーチェが反道徳主義者を自称し道徳を攻撃したときの主な標的は、「憐憫道徳」であった。すなわち、「畜群道徳」と彼が呼んだキリスト教の教義である。この道徳は、「弱く下位にある者」の道徳であることを標榜しながら、じつは無慈悲でとりわけ怨念を抱いていることを隠し、「親切心」に満ちた行為をすることで、その行為の受け手を貶め、行為者自身の自尊心を鼓舞しているのである。[*11]

以上に述べたことはすべて真面目に考慮されねばならない。ニーチェは、彼を非常に称賛していたフロイトと並んで、深層心理学の創始者だと主張することもできるからである。この点についてニーチェは無視できない観察をしている。彼はドストエフスキーだけが自分より優れているとして、自らをこの領域における天才的な革新者であると主張している。そしてじっさい、ニーチェの心理学的洞察を称賛する多くの人がいることはたしかである。彼は、利他主義を公言することにはしばしば不誠実さが伴うことと、われわれが日常的に行なう多くの親切な行為の背後には虚栄心や悪意が潜むことを見てとった。しかしもちろんそれだけでなく、彼はさらに論を進める。ニーチェによれば、われわれが他者に親切をするのはその人に自分をよく思ってもらうためであり、そして、この善い評判を買い戻すことで、自己嫌悪を慰めている。われわれは他者の不幸を語ることで自分の無能さから解放される。われわれは自分の徳を見せびらかすことで、他者に苦痛を与えている。このようにすることで、われわれは何よりも、自分が道徳による統制を受け入れなければならないことを恨んでいるのである。

この点でニーチェの反道徳主義は、トラシュマコスと、『ゴルギアス』でプラトンが描くもう一人の反道徳主義者カリクレスの立場と似ている。というのも彼によれば、称賛に値し善いとされている性格は、じっさいには弱さであり、それゆえ侮蔑の対象であるからである。そしてニーチェの攻撃は、維持可能であれば、ほかのどんな攻撃よりもはるかに強力であるが、それは一重に、魂の内にどんな正義と慈善の行為があるかを彼が巧みに描いているからである。したがってニーチェは、トラシュマコスに再反論する〔ソクラテスつまり〕プラトン自身の〔正義は魂の内の調和であるという〕根拠そのものにも足を踏み入れている。つまりニーチェは、道徳的な人を、襲いかかる良心に苛まれて、自分自身にとっての善を追求することができない惨めで臆病な〔つまり魂の調和のない〕生き物と描写しているからである。憐憫道徳は、他人にとっても助けとはならないが、何よりも道徳的である人自身にとって有害である。ニーチェはカリクレスと同様に、人間は道徳によって飼い慣らされており、飼い慣らされた動物と同じく飼い慣らされたことによって退化していると見なしている。[*12] 彼は人間にとっての善を、個性、自発性、大胆さ、そして、他者にも等しくあてはまる生活の規則という考え方を否定する創造性などの観点から提示する。これと対照的に、「畜群」の群れは仲良くじゃれあって慰めあう「犬のような」生き物である。彼らは平凡な幸せで満足する。彼らは「昼のための小さな楽しみと、夜のための小さな楽しみをもっている。そのようにして、彼らは自分の健康を大事にするのである」[*13]。

キリスト教道徳に向けられるこうした非難を、われわれはどのように理解すべきだろうか？ 人間としての善さを、本書でそうしてきたように、「自然的な善さ」として描くことに共感する人ならば、そうした問いを非常に真剣に受け止めなければならない。というのも、慈善の徳とされていることについてニーチェが否定しているのは、先述した、人間にとっての善がある性格上の特性に、徳としての身分を与えるという関係にあることにほかならないからである。憐憫（*Mitleid*）がキリスト教の中核にあることを認めた上で、ニーチェは、憐憫は一種の病気であり、憐れみを抱く側にも憐れみを抱かれる側にも同様に有害だと主張した。ニーチェによれば、この道徳は「奴隷道徳」であり、自らの劣等感ゆえに弱者が感じる恨みから生じる。ニーチェは、怨恨（ルサンチマン *Ressentiment*）を、「虐げられた自負、抑圧された嫉妬」であるとした。[*14] ロバート・ソロモンが言うには、ルサンチマンの中核には不満足感があり、しばしばそれは「沸騰（simmering）」「煮え立ち

(seething)」「噴出（fuming)」といったメタファーで表現される。[*15]

ルサンチマンは強力なものだ。というのも、言うまでもなく、ルサンチマンに取り憑かれた人は惨めな生を生きるからである。――つまり、このように見られたキリスト教道徳は、幸福ではなく不満足感と体系的に連関し、そしてもちろん、創造性、自由、明朗さといった、人間にとっての善の大きな部分を占めているとニーチェが正当にも理解したものを失うことと連関しているからである。しかし、だからといって、共感が人間的なことであることを強調する道徳――たとえばヒュームの道徳――は誤りであるとしなければならないだろうか？　不運な人への同情が自身の生のあり方を支配するまでになっている人は、そのことによってねじれた劣等感を表出していると見なされなければならないのか？　慈善はほとんどがまがい物だというのは本当だろうか？　もちろんまがい物である場合もあるだろう。ニーチェは、隠された悪意や虚勢、そしてひそかな自己不信感を慰めようとしてなされる親切な行為などを悪魔のように見逃さずに指摘して、われわれが備えてしまった親しさというゆがんだ感覚を刺激する。しかしこのことは、ニーチェが与えた典型的な描像にまったく適合しない、キリスト教的「畜群」から距離をとっている人たちには、真正の慈善――真正の徳――があまりないと言うことではない。災害支援のために働くことに幸せを見いだすような気どりのない普通の人たちのことを考えてみれば、同情についてのニーチェの軽蔑的な見解がむしろ馬鹿げていることに間違いなく気づくはずだ。

しかしながら、このように言ったからといって、今日多かれ少なかれ受け入れられている深層心理学を拒否するものではない。われわれの動機には虚栄心や自尊心がまったくないことなどはまずないという考えを、いまやわれわれの多くは受け入れるだろう。われわれのすることのうちにはしばしば多くの悪意、虚栄心が、さらには攻撃性さえもがあることは、反道徳主義者の結論に至ることなしに認められることである。長年告解を受けてきた老司祭に、人間について何を学んだかと尋ねたところ、いったん「何も」と言ったあとで、「いや、学んだことがある、大人がいないということだ」と答えたという話がある。老司祭が真実を語っていると考えながら、同時に、われわれのなかに貪欲で嫉妬深い子どもがずっと住んでいることを認めつつ、それでも本当の親切心は存在すると主張することは不可能なことだろうか? 可能であるとすれば、自然的規範性の規準に従えば、徳として慈善が第一候補になる。というのも、愛やほかの種類の親切心は、不幸に襲われたときに誰もが必要とするものであり、われわれを気の毒に思ってくれる人においては弱さではなく強さの徴でありうるからだ。さらに慈善は、冷淡とは対照的に、それをもつ人の内に幸福を生み出すと考えるのはもっともなことであろう。

とはいえ目下われわれは、哲学が特別な発言権を要求できない領域にいる。問題となっているのは人間の生のあり方についてであり、この点について特別な発言権をもつ哲学者はいないからだ。しかし、ニーチェに向かい合ったときに陥りかねない混乱を解きほぐすために、「憐憫道徳」に対するニーチェの攻撃を使うことができる。というのも、彼の著作のなかに散見される、自分がとりくんでいるのは「価値の再評価」であるという考え方が困惑の元だからである。価値を再評価するとはどういうことだろうか？　どのような価値の再評価がなされるべきなのか？　再評価された価値がさらに再評価されることがありうるのか？

私が思うに、こうした抽象的な話を脈絡なしに問うても、われわれはどこにもたどり着くことはない。[*16] だが、ニーチェがキリスト教道徳として理解するものを攻撃するときに何が起こっているのかに注目するならば、混乱は解消される。彼は、善いと考えられているあるものがじっさいには善いわけではない、すなわち、「憐憫は善いと考えられているがじっさいには善いわけではない」と述べている。ここでわれわれが手にしているのは、確定的な思考を与えないたぐいの「Xは善い」である。[*17] とはいえ問題なのは明らかに、憐憫は人間の生において育まれるべき傾向性なのか、それとも避けられるべき傾向性なのかということである。すなわち、他人を思いやる人は善い人と見なされるべきなのか、それとも、ニーチェが示唆するように、悪い人と見なされるべきなのかという問題である。彼は、自分がキリスト教道徳のうちに見てとった態度や感情の評価に焦点をおいている。ニーチェは、「他の人たちを憐れむことは彼らに対して善い傾向性をもつことである」という命題を否定し、そのことによって、人間という種における自然的な善さと欠陥だと私が呼んできたものについての判断に異議を申し立てているのである。

こうした異議をどのように理解すべきだろうか？　それを正しい概念枠のなかに位置づけるためには、彼の異議を、たとえばミツバチのダンスのような、動物種に見られる特性にかかわる評価と比較するのがよいだろう。帰巣中のハチのダンスはほかのハチたちを花蜜のありかに導くから、その群れの生に有益な役割を果たしている。だが、この想定が疑問視されていた時期もあった。そこで、帰巣したハチの個体の運動に反応することで他のハチが花蜜を見つけるという前提がそもそも真ではなかったと想定してみよう。この場合には、ダンスをする個体自身の生のなかでダンスが何か役割を果たさない限り、つまり、帰巣する個体が自分自身の善のためにダンスすることが必要なことでない限り、ハチがダンスすることにはどんなメリットもないことになり、ダンスをしないということだけであるハチ個体に「自然的欠陥」があるとされることにはならないだろう。

以上は、ある評価が再評価されうる手順の概略である。この手順は、原理的には、人間の特徴や役割に対する評価が問題となるときにも変わらない。たとえば、肥満が不健康をもたらすことが認識されるより前には、できるだけ太っていることが人間にとって善いことであると考えられてきたようである。また、われわれが生きているあいだにも、さまざまな性的な活動にかんするかなりの道徳的信念が、多くの人たちには誤りに思えるようになった。われわれは、たとえば、自慰行為や同性愛の有害性についての古い信念を再評価し、以前の評価を修正してきた。これを価値の再評価の例であるとしてよいならば、キリスト教的価値に対するニーチェの攻撃をある程度彼自身の意に沿う仕方で見ることができる。ニーチェは、憐憫することは憐憫する人にとって善いのか、それとも憐憫される人にとって善いのかと問うているが、これは当然問われるべき正しい問いである。たしかにこの論点を扱うさいに、彼は、劣っていると自分が見なす人間たちへの言われのない侮蔑と、慣習的な道徳的制約を受け入れる人たちが抱く怨恨と隠された悪意にかんする非常に独特な考えをごちゃまぜに述べてしまっている。前述したように私は、彼は誤った仕方で申し立てをしていると思う。だが、もし彼が正しい仕方で申し立てていたならば、憐憫についての彼の再評価も正しかったであろう。「憐憫」とわれわれが呼ぶものについて厳密に考えてみると、ニーチェはじっさいある程度までは正しかったと私は思っている。というのも、憐れみを抱かれることを好む者などいないとわれわれは考えているからである。われわれが共感と呼ぶものこそが、敬意に値する善いものなのである。[*18]

ニーチェの主張③——善悪それ自体の否定

「憐憫道徳」とニーチェが名付けたものに対する彼の攻撃についてはここまでにしておこう。この主題は彼の著作に通底しているが、次第に彼は、別のさらにいまわしい見解へと移っていった。というのも彼は、どのような行為にもその行為に「内在するそれ自体としての悪さ」はないとまで論じることになったからである。一八八七年に出版された『道徳の系譜』でニーチェはこう論じている。

正と不正をそれ自体として論ずるのはまったく無意味なことである。生きることが本質的に、すなわちその根本機能において侵害的、暴圧的、搾取的、破壊的にはたらくものであって、こうした特徴なしにはまったく考えられないものである限りは、侵害も暴圧も搾取も破壊もそれ自体としては何ら〈不正なもの〉ではない[*19]。

いかなる行為もそれ自体としては不正ではないということについてここで提示されている理由を、われわれは真剣に受けとることはできない。というのもこの理由は、植物や動物の世界における特徴的なあり方を、害を加えたり力で抑圧したりするといった人間の行為と不当に同一視することに基づいているからである。われわれは、これよりさらに興味深くて独創的な議論を探さなければならない。じっさいそうした議論は、これまで触れた彼のどの主張にもまして過激で脅威的なニーチェの心理学理論の内に見いだされる。人間の行為の善さと悪さについての彼のもっとも根本にある考えは、「心理学的個人主義」もしくは「人格主義」とでも呼べるものに基づいている。ニーチェの考えでは、さまざまな行為をあれやこれやの行為として類別する分類学はまったく誤っており、個々の行為の本性はむしろそれをする個々人の本性に依存していると主張した（ニーチェは「殺人」や「抑圧」といった記述の下での〔行為の〕分類は、リンネ[3]が自分より前の植物の分類学による分類を、あるいは、分子構造による金属の分類に精通した科学者が錬金術の分類学による分類を誤っていると考えたように、誤っていると考えたはずである）。

もちろん、ある種の行為がその種類に応じて内在的にもつそれ自体としての悪さを否定することは、「どんな恐ろしい行為であっても極限状況で切迫した目的のもとでは正当化されうるから、決して正当化されない種類の行為などない」というありふれた（私自身は誤りだと思う）信念の表明以上のことではないように見えるかもしれない。[*20] しかし、行為に内在する悪を否定することでニーチェが述べているのは、それ以上のことである。ニーチェが害を加えることや抑圧することについて語るさいには、そのような恐ろしい行為が正当化されそうな状況など決して存在しないような記述をしているからである。ともあれ、彼自身の見解はこれとは異なっている。ニーチェの見解は、行為における正・不正が何がなされたかによって決定されうるとすれば、なされたその行為がそれを行なった人の特定の本性とある仕方で関係していなければならないというものである。したがって彼は、あるタイプの人びとを残酷な怪物とか放蕩な野獣として（どちらについても躊躇することなく）酷評したが、過去の貴族たちについては寛大に語っている。彼の理解では、この貴族たちは略奪や殺人、そしてレイプといった行為を「たわむれごと」（*spöttisch*）としていたのである。[*21]

このような発言をした事実から、ニーチェは疑いもなく反道徳主義者であると言いたくなるかもしれない。だがおそらく、ニーチェに適用された「反道徳主義者」という言葉の意味は、じつはそれほど明確ではない。というのも、結局のところ彼は、人間のタイプにかんする道徳判断といったことを認めていたからである。たとえば、周知のようにニーチェは、単なる放蕩者について嘲笑的に語っている。そのさい彼は、こうした人を、自らを、規律によって統制された強い感情をもった身体へと鍛えあげるという高貴な課題にとりくむ人と対比している。たしかに、さまざまなニーチェ的な徳の一覧（その先頭には勇敢と誠実さ）と、「畜群の民たち」に帰属させている悪意やまがい物であることといったニーチェ的な悪徳の一覧を対比することはできる。しかし、その著作のこうした箇所においても、彼は深く根づいた道徳的な見方を攻撃していた。なぜなら彼は、残忍さと情欲という「情動」（陰気な感情）に人間の生のあり方における本質的な役割を付与していたからである。彼はとりわけこうした情動が、彼の言うことに耳を傾ける人びとだけに限られるとしても、可能なより高次の人間形態への移行には不可欠だと考えていたようである。土のなかで根を張って成長しなければならない木のイメージがニーチェの頭のなかでは強く働いている。そして、彼の哲学のこの部分こそ、ニーチェが自分の著作が招くであろう憎悪と、自分が乗り出した思索の大海が孕む危うさについて自覚したときに考えたことであったに違いない。[*22]

いかにしてニーチェは、きわめて危険な思索に対してさえ怖気づくことなく、熱烈で知的な誠実さと並外れた勇気をもって立ち向かうという、この奇妙な立場に至ったのか？　こう問われるかもしれない。ニーチェにとっての決定的な考え方は、思うに、人間にとっての善い生のあり方を構成するものは何かということ、すなわち、人間にとっての善についての考え方にあった。彼はこれを「創造性」「自信」「朗らかさ」「大胆さ」といった言葉で記述しようとした。しかし、こうした非常に一般的な記述を越えて言えることは何もないと彼は考えていた。私にとっての善やあなたにとっての善に留まらず、「万人に同一の善と邪悪」といった意味での善がありうるという考えを、彼はとりわけ軽蔑していた。[*23] 真正の徳はそれぞれの個人の善のためにふさわしいものでなければならないと彼が考えたと思われる限りでは、本書のこれまでの章で描いた基本図式に彼はおそらく同意するだろう。しかし、こうした善が具体的にどこにあるかは、個々人が、他人をあれこれ気にすることなく自らの価値を創造しながら、自ら決めなければならないとしたのである。

ニーチェの深層心理学的洞察に根拠はあるか

この道徳分類学の起源をさらに掘り下げると、この分類が、本章でこれまで描いてきたニーチェの「憐憫道徳」に対する攻撃にかかわっていた洞察をはるかに越えた心理学理論に依存していることがわかる。彼は、その誇りにしていた理論的心理学のなかで、一群の衝動（*Trieb*）があると主張している。これらの衝動が心理学者がそれまで見てきた比較的表層部分にある要素の基礎になっているとニーチェは考えていた。しかしじっさいは、こうした衝動にかんして彼が提示しているのは、深層心理学という概念と、これらの衝動はみな力への意志に還元可能であるという非常に疑わしい約束手形だけである。比較すればフロイトは経験科学者であり、観察事実と矛盾するようなときには包括的な「快楽原理」を放棄する用意があった。しかしながらニーチェは、観察によってはほとんど支持されない一般化理論を案出するという哲学者の罠にはまってしまった。ニーチェは素晴らしい心理学者だとふつう考えられているが、この点ではそうでなかったと私は考える。

　これまで私が論じてきたのは、ニーチェの次のような主張には心理学的に妥当な根拠はないということである。すなわち、なされたことを「傷つけること」「抑圧」「絶滅」などと記述することは、正義の徳に反した、それ自体として道徳的に悪い行為——不正な行為——であることを示すわけではない、というニーチェの主張である。この主張は全面的に誤解に基づいており、さらには有害な説であると私には思われる。もちろんこの主張は本書で論じてきた自然的規範性の原理と対立する。というのも、危害を与え抑圧するものから保護されること以上に人間が必要としているものはないからだ。たしかに、ある人が何をするのかということ以上に、その人がどのような人なのかということは、とりわけ個人的な関係においては重要である。なされることの背後にある態度と欲求が、徳にとって本質的な部分であることはすでに見てきたとおりである。[*24] しかし、前世紀の恐ろしい出来事を思えば、今日、行為が「何であるのか」をさらに重要なこととみなさないのは非常に奇妙なことである。ソヴィエトとナチス・ドイツで、またチリ、カンボジア、ルワンダで行なわれるのをわれわれが見てきたのは、まさにその事実自体のおぞましさを感じざるをえない惨事である。いったいどんな種類の人間ならば、ヒトラー、スターリン、ポルポト、ピノチェトなどが出したような命令を出せるのかを知ること、また今日多くの国で民衆に苦痛を与える忌まわしい仕事に手を染める人の性格上の邪悪さを知ること、これらは——どうしたら自分たちもそのように行為することになりかねないかを知るためだけであれ——間違いなく実生活で重要なことである。しかし、こうしたことについて何も知らなくても、われわれは、かつて行なわれ、いまも行なわれている多くのことがまさに邪悪なことであるとわかる。この点で、メンゲレ[4]やアイヒマン[5]の行為を評価するには、その前に彼らの心理の精査が必要である、とでも言わんばかりにニーチェが行為した人の特性に注目した個人主義的な価値評価を強調したのは、馬鹿げたことのように思われる。すでに一九四七年に、トーマス・マンは以下のようにまったく正しいことを述べている。

> ニーチェによる悪の浪漫化は、今日、なんと時代に拘束されたものに、なんと理論的にすぎ、なんと青くさく見えることか！　その惨めさをわれわれはいまではもう十分知っている[*25]

もちろん多くの人は、ニーチェの個人主義を啓発的なものだと考えてきた。彼自身が好んで述べたように、それは生を肯定する説教であるように思われる。そして、そこに何らかの善があるのは言うまでもない。しかし、道徳に対するニーチェの攻撃を単純に、本物であること[6]と自己実現することについて啓蒙する呼びかけとして理解した人たちは、思い違いしている。そのことは、それ自体として考えられた行為には正・不正はないという点についてニーチェが語っていることにまさに示されている。誰についてニーチェはここで語っているのかと問うてみればよい。彼は火星人や天使ではなく人間について語っている。しかも、現在時制を用いていることから、ネアンデルタール人や数百万年後の人びとではなく、現存している人間について語っているのである。さらに、彼が行なった評価は、人間としての善さと欠陥についての評価であり、それゆえ本書の基本主張が正しければ、自然的規範性という図式はここで有効なものになる。

人間にとっての善悪とは？

こうして次のことが帰結する。われわれは現実の人間の生のあり方を考慮に入れなければならないということ、つまり、道徳について教えられないでいると人はどんなことをすることになりやすいかを考えなければならないということである。動物の生と異なり、人間の生は規範に従って営まれており、その規範は人がパターンとして認識や把握をすることで成立している。それゆえわれわれは子どもたちに、してよいこととしてはいけないことを教えなければならない。とはいえこうした規範は、怖気づかないように子どもたちを鼓舞することや、彼らが自分の本当の欲求を発見できるようにすることがどれほど重要であるにしても、彼らに勇敢であれとか、「本物であれ」などと言い聞かせるだけでは教えられない。遵守されるべき規範は、主として殺人や窃盗といった行為を禁止するものとして定式化されざるをえない。たとえば、われわれが眠っているあいだに侵入した見知らぬ人が、われわれを殺したり、翌日の仕事のためにわれわれが必要としている道具を盗んだりするのは正しいとは考えないということ、このことは人間の生においてアリストテレス的必然性である（われわれの生き方はこれに依存している）。現状の人間の生においては、この種の行為は、それをすることでその人が本物であったり自己実現することになったりするからといって、善いこととはされない。たしかに、一般的に不正な行為のなかには、約束を破ることがときおりそうであるように、特別な状況ゆえに、あるいはまた、裁判官や親がもつ特別な役割のゆえに正当化されるものもある。しかし、これを認めたからといって、ニーチェのように、さまざまな種類の行為に内在するそれ自体としての正しさや悪さを否定することにはならない。そうした否定は、まったく誤った教説に思われる。自分を特別視する人に、自分が殺人や拷問をしても何ら悪いことをしていないと思わせることになるからである。[*26]

もちろん、道徳に対するニーチェの攻撃は真摯に受け止めねばならない。ニーチェは自ら強調するように、さまざまな価値の再評価にとりくんだ。これは理解できない試みではない。というのも、ほかの種の生き物とは異なり、人間は抽象的思考の能力をもっており、自分がどんな仕方でやっていくかを考慮することができるからである。われわれ人間は、これまで自らを成長させてきており、自分の実践を批判することができる。ニーチェの教説を教えられていたら、人間の生はもっとよく営まれることになりはしなかったかと問うてもよい。しかしこのように問うときには、どうやって人間の生が維持されうるかを考えなければならない。ニーチェは、自分が影響力をもてば、地球上にはより高度のタイプの人間が発達していくことができると信じ、この新しい存在者を想像できるかのように論じた。つまり、われわれ自身から発達した新しい種や生の形の可能性を見ていたかのように論じたのである。ここでの私の論点は、価値についてのニーチェのきわめて過激な再評価が妥当でありうるのは、われわれと異なる種にかんしてのみであるということだ。そうした価値評価はまさにこのようにあるわれわれには妥当しないし、ありえそうなわれわれにも妥当しないのである。

原注

＊1　H. A. Prichard, 'Duty and Interest.'

＊2　プラトン『国家』(「プラトン全集一一」藤沢令夫訳、岩波書店、一九七六年、四八‐一二九頁)第一巻‐第二巻、三三六b‐三六七e。

＊3　前掲書、三四四a、七〇頁。
＊4　本書一七六－一七八頁を参照。
＊5　ジョウゼフ・コンラッド『万策尽きて』(社本雅信訳、リーベル出版、二〇〇六年)。
＊6　アリストテレス『ニコマコス倫理学』(「アリストテレス全集一三」加藤信朗訳、岩波書店、一九七三年、四七－四八頁)第二巻第四章、一一〇五a二六－b九。
＊7　自己実現と自己成就の絶対的な価値をニーチェが信じていたことについて、シュターンは「ヒトラー以上に自らの創造した価値を完全に実現することに近づいた人はいなかった」と述べている。Stern, *Friedrich Nietzsche*, 86.
＊8　Clark, 'Nietzsche's Immoralism and the Concept of Morality' を参照せよ。
＊9　ニーチェはまた、多くの犯罪者は、じつは、社会からの嫌悪によって壊された強い人間であると考えていた。F・ニーチェ『偶像の黄昏』(「ニーチェ全集一四」原佑訳、ちくま学芸文庫、一九九四年、八七－一四七頁)「或る反時代的人間の遊撃」〔とくに第四五節〕を参照。
＊10　B. Williams, 'Nietzsche's Minimalist Moral Psychology'.
＊11　ニーチェの学説のより詳しい解説は以下を参照せよ。Foot, 'Nietzsche: The Revaluation of Values' と 'Nietzsche's Immoralism'.
＊12　ニーチェはプラトンの描くカリクレスに影響を受けていたように見える。しかしニーチェは、正しく行為する人は「自分の欲望ができるだけ大きくなるのに任せ、何であれ自分の欲望するもので満たすべきだ」とするカリクレスに同意することはなかっただろう。プラトン『ゴルギアス』(「プラトン全集九」加来彰俊訳、岩波書店、一九七四年、一三七頁)四九一e五－四九二a三。
＊13　F・ニーチェ『ツァラトゥストラ』(「ニーチェ全集九」吉沢伝三郎訳、ちくま学芸文庫、一九九三年、三三頁)「ツァラトゥストラの序説」第五節。

＊14　前掲書（一七六－一八二頁、「タラントゥラどもについて」）。

＊15　R. Solomon, 'One Hundred Years of *Ressentiment*,' in R. Schacht (ed.), *Nietzsche, Genealogy, Morality*, 103.

＊16　ウィトゲンシュタイン『哲学探究』（「ウィトゲンシュタイン全集八」藤本隆志訳、大修館書店、一九七六年、一〇一頁）第一一六節〔「われわれはこれらの〔哲学者がものの本質を把握しようとするときに使う〕語を、その形而上学的な用法から、ふたたびその日常的な用法へと連れもどす」〕。

＊17　本書の序論でのG・E・ムーアに対する私の批判（本書一二－一三頁）と比較せよ。

＊18　ニーチェにおける*Mitleid*〔憐憫〕の意味の議論については、W. Kaufmann, *Nietzsche*, 363-371を参照。同じくJ. Salaquarda, 'Nietzsche and the Judaeo-Christian Tradition,' in *The Cambridge Companion to Nietzsche*, 90-118参照。

＊19　F・ニーチェ『道徳の系譜』（「ニーチェ全集一一」信太正三訳、ちくま学芸文庫、一九九三年、四五〇頁）第二論文、第一一節。

＊20　本書一四六－一四七、二一一－二一二頁参照。

＊21　F・ニーチェ『道徳の系譜』（前掲書、三九七－四〇二頁）第一論文、第一一節。

＊22　たとえばニーチェ『道徳の系譜』（前掲書、三六七－三六八頁）序言、第六節を参照。

＊23　F・ニーチェ『ツァラトゥストラ』（「ニーチェ全集10」吉沢伝三郎、ちくま学芸文庫、一九九三年、九〇－九八頁）第三部「重力の精について」。

＊24　本書九五頁参照。

＊25　「われわれの経験から見たニーチェの哲学」（『トーマス・マン全集九』所収、三城満禧訳、新潮社、一九七一年、五五六頁）。

＊26　ナチスの場合にこのことがどのようにして生じたかについては、ジョナサン・グローヴァーの非常に興味深い次の本を参照。Jonathan Glover, *Humanity*, 316-364.

訳注

（1）『国家』第二巻で提出される「ギュゲスの指環」の設定。

（2）イマヌエル・カントの考えによると、人間は、感性と悟性という能力に束縛されたかたちでしか世界を把握できず（その世界を「現象界」と呼ぶ）、本当に実在する世界（その世界を「叡智界」と呼ぶ）の姿を捉えられない。道徳の議論のなかでは、人間自体も、「理性的存在者」として叡智界に属すと考える。

（3）Carolus Linnaeus（一七〇七－七八）。スウェーデンの植物学者。

（4）Josef Mengele（一九一一－七九）。ナチス・ドイツの医師、親衛隊（SS）将校。第二次世界大戦中にアウシュヴィッツで収容所の囚人を用いて人体実験をくりかえした。

（5）Adolf Eichmann（一九〇六－六二）。ナチス・ドイツの親衛隊将校。ホロコーストに関与し、数百万にのぼる人びとを強制収容所へ送った責任者。

（6）『ツァラトゥストラ』のなかでは、われわれの社会で流通している「道徳」とは、じつは他人に復讐するために作られた制度であり、それに自ら従って「徳」を誇る人は、「欺瞞的」で「没自己的」なあり方をした「まがい物」であることが指摘される。そして、ニーチェの考えでは、本当に「徳」があるとは、そうした欺瞞的なあり方から離れて、自分自身の本来のあり方を実現することであり、そうした人こそが「本物」なのだと彼は強調する。第二部第五節「有徳者たちについて」（『ニーチェ全集九』、一六五－一七一頁）を参照。

あとがき

本書の議論は、現在論争になっている具体的な道徳的問題については手つかずではないかという、たしかに当をえた問いに曝されよう。そうした実質的な問題に決着をつける方法を論じたと考えているのかと問われたら、ある意味では何も決着はしていないし、すべてはもとのままであると答えることになる。(1) 悪徳を自然本性の欠陥として説明するという本書の試みは、単に論点が論じられるべき枠組みを提示して、あれこれ押しつけがましく入り込んでくる哲学理論や、論じているうちに陥りがちな抽象化を免れようとしているだけである。とはいえ、規範性を自然本性にかかわることとして考えるという本書が提示した考え方は、多くの哲学者たちによる近年の優れた仕事を混乱させるものではないはずである。たとえば、医療倫理における問題にかんして言えば、「行なうこと」と「許容すること」の区別や、「二重結果」論といった問題についての仕事である。

あるいは、少なくともある領域においては、大きな連鎖的な影響があると思われるかもしれない。つまり、すべての生き物に共通する善さがあるという考え方からは、動物や、それどころか植物の扱い方にかんして、いくつかの論点が当然のこととして帰結すると思われるからである。しかし、これはまったくの誤解である。道徳哲学は、われわれが行なうさまざまな活動についての、ある種の判断のあり方にかんする概念的枠組みにかかわっている。動物の残酷な扱いや、有用で見事にできた生き物を気まぐれに絶滅させてしまうといったことについて考えることは、徳と悪徳についての通常の区別のうちにおさまることである。ゲーテは秘書のエッカーマンとの対話において、あるイギリス人について語っている。鳥小屋をもっていたその男は、ある日、一羽の鳥の死骸を見て、その美しさに心打たれ、ただちに他の鳥を殺して、剝製にした。(2) たしかにこれは犯罪ではない。しかし、それでもこの男にかんしては何か悪いことがある。

訳注

（1） いわゆる「静寂主義（quietism）」者としてのウィトゲンシュタインを思い起こさせる。

（2）『ゲーテとの対話 中』（山下肇訳、岩波文庫、二〇〇一年、一七三頁）第三部、一八三〇年三月一日の記事である。

解説　「自然的な善さ」なんてあるのだろうか？

高橋久一郎

現代倫理学にはふたつの大きな流れがある。義務論と功利主義である。そこで、徳倫理を「第三の流れ」として唱導する人たちもいる。しかし、徳倫理はむしろふたつの大きな流れの「底流」にあって、われわれが生き行なうことのもっとも重要なことのひとつ、つまり「生のあり方」を問う試みを「底支え」している。義務論であれ功利主義であれ、「生のあり方」について問うているからである。本書は、「生のあり方」について「考えること」、その「優れたあり方」としての徳の意味を論じた本である。フットの議論と徳倫理学のなかでの位置を理解するために、いくつかの事項について解説しよう。

1　倫理学における「自然主義（naturalism）」

フットの立場は、哲学・倫理学の分野ではしばしば「自然主義」とされる立場である。しかし「自然主義」という言葉は、さまざまな立場を意味して使われている。その極北は、（1）「物理主義（physicalism）」である。つまりこの世界についてのことは、（論理学と数学を含めた、あるいはその助けをえた）物理学によって説明されるとする立場である。多くの哲学者はこうした立場が誤りであることを直接に証すことはできなくとも、ありそうにない、あるいは仮にありえたとしても、いまのところは「空手形」だと考えている。

いま、あなたはこの文を読んでいる。この文が印刷された紙やインクの素材、インクの染みの形については物理学的に語ることはできる。しかし、この文についてのあなたの理解を物理学的に語るためには、少なくとも理解しているあなたのあり方について物理学的な言葉で記述しなければならない。そのためには脳状態との何らかの対応づけ、さらには翻訳が必要であるが、いまのところそうした翻訳術はないし、仮にそれが可能であったとしても、その翻訳術が正しいことが物理学的に説明されるということは、あまりありそうなことではない。そこで、もう少し弱い立場として、倫理学にかかわりのある立場に的を絞って言えば、

（2）「生物学主義（biologism）」がある。つまり、われわれが「生物」であることに何らか倫理の基礎を見ようという立場である。フットの立場はそうした立場と見えるかもしれない。実際、そうした見方が全面的に誤っているわけではなく、そのように理解され批判されたこともある。しかし、フットの立場を生物学主義とすることは、微妙にミスリーディングである。

「生物学主義」には三通りの立場がある。ひとつは、科学的な「生態学」が例となるような考え方であり、生態についての事実的な研究を行ない、倫理についてはそもそも論じないか、論じたとしても非常に「禁欲的」な立場である（生態学者が、自分の学問的研究の結果、生態学者としてではなく、いわば「市民」として倫理について論じてしまうことはあるからである）。もうひとつは、そうした「生態」のあり方に直接的に倫理の根拠を見て、規範的な判断に積極的に踏み込む立場である。この立場の代表には、戯画的な例でしかないが、ハーバート・スペンサーの「社会進化論」や、かなり粗雑な「社会生物学」などがある。つまり、「事実がこうである」から「こうあるのがよい」への移行を「理由づけ」抜きに導く、あるいはそこにどんな問題をも見ない立場である。もちろんさまざ

まな中間的な形態がある。フットの立場が後者でないことは明らかであるが、前者とは必ずしも対立はしない。

そして、三つ目の立場がある。歴史的には「アリストテレス主義」として知られてきた立場だ。アリストテレス主義は人間であることによる特殊性を認め、その意義を極力語りつつも、生物であるという一般性に基づいて、われわれの生のあり方を考えようとした。フットをこの意味での生物学主義とすることは誤りではない。生物の生のあり方を描くために使われている概念に「規範性」がどのように込められているかを問題としているからである。フットが「進化生物学」のある種のあり方との関係について第2章注10で微妙に論じていることも、このことに基づいている。しかしこの点については後にふたたび見ることにして、自然主義の「分類」をつづけよう。

生物学が語ることは、倫理のあり方について何らかの「制約」とはなり得ても、積極的に特定のあり方を根拠づけるものではない。このことから、ある種の理解のもとで、

（3）「事実と価値の連続性」を主張する立場が、自然主義であるとされる。われわれの生きている世界には事実からまったく独立した「価値の世界」がありはしないとする立場だ。ここでは「自然と自然ならざるもの」は、「自然と超自然」という対比のもとに考えられている。だからわれわれの生きている感覚的な世界のあり方とは異なった、知識の対象となる確固とした超自然的な「イデア」の世界があるとする、いわゆる「プラトン主義」を拒否することになる。倫理学におけるこの立場の近現代における代表は「功利主義」である。雑な言い方ではあるが、「快苦」というわれわれが経験する事実が「善悪」という価値を決める。

もうひとつ、この立場からの帰結について確認しておこう。自然主義のひとつの典型とされる

「ヒューム主義」が、この理解のもとでは、自然主義ではないとされることになる。つまり、ヒュームは「事実である（is）」ことからは「すべきである（ought）」ことは導けないと論じたからである。もっともヒュームは「われわれとは独立した」「すべきである」の世界があるとしたのではなく、逆に、「すべきである」は「われわれに依存する」、つまり他の何ものによるのでもなく「人間本性」に依存すると考えてのことである。

フットが対抗しようとしているのは事実と価値とのあいだに何らかの切断を見ようとする立場であるから、その限りでフットの立場は功利主義を否定するものではない。それどころか、植物はともかく、動物との連続性をポイントとするならば、「快苦」に着目した功利主義は有力な選択肢でありえたはずである。だがフットは功利主義に与《くみ》しはしない。このあたりの経緯が第1章の議論のひとつの焦点でもありえたはずである。しかし、第1章でフットが直接問題にしているのは功利主義ではない。それは、フットのなかでは功利主義との対決という問題はすでに解決されていたからである。代わりに問題とされるのはG・E・ムーアのような仕方で連続性を否定する二十世紀初頭の「反自然主義」である。

フットが微妙な仕方で言及しているムーアは、「事実と価値の連続性」を認める立場を「自然主義的誤謬（naturalistic fallacy）」を犯すものとして否定した。しかもムーアは、事実から価値を何の媒介もなしに直接的に導くことはできないというだけでなく、事実と価値のあいだには「乗り越えがたい隙間」があり、価値は事実とは異なった「独自のもの（sui generis）」であると論じた。価値は独立した「価値の世界」をなしている。ある意味でプラトン主義の唱道である。しかし、事実と価値のあいだにどのようなかかわりもないと考えることは、論理的には可能であるとしても、奇妙なことである。ムーアもそのように主張することはできなかった。ムーアは事実と価値のあいだに「付随性（supervenience）」という関係の成立を認めた、いや、むしろこの関係の成立を自らの立場を補強するものと考えていた。つまり、「事実が同じであれば成立する価値も同じだが、事実からはどのような価値が成立するかは決まらない」と論じたのである。そこで、倫理学史的には本書の最大の敵対者である、

（4）「情緒主義（emotivism）」が登場する。ここではその一形態であり、本書でもっとも論じられている「表出主義（expressivism）」を代表として論じることにしよう。

表出主義は、価値とはわれわれとは独立にこの世界にあるのではなく、われわれの反応であり、われわれが世界に「投射する（project）」ものだと考える。つまり、価値は「われわれの外の自然の事物」のなかにあるのではなく、「われわれの内なる自然な反応」にあるとされることになる。こうした立場を「自然主義」とするか「反自然主義」とするかは、ある意味で言葉の定義の問題であり、ほとんど趣味の問題といったところもある。フットは、こうした立場は「反自然主義」の一形態であると考えている。「自然と自然ならざるもの」という対比のなかには、「自然と人為」という対比もあり、この対比のもとでは、情緒主義は価値を「人為」と考える立場であるといってよいからである。フットは、価値はわれわれの判断からは「独立」であると考えている。

人間という存在は価値づけを伴なって世界を見る生き物であり、実際そのような価値が世界にはあるのだと考えるならば価値についての「実在論」という立場に立つことになり、後半を否定すれば「反実在論」になる。しかし、「超自然的な何か」を認めないという意味では、ともに「自然主義」ではありうる。また、「自然と奇跡」を対比するような宗教的な議論の枠組みのなかでも、奇

跡ではなく「人間の自然」を語っているという意味で共に自然の側にいる。われわれのあり方からまったく独立した「価値の世界」を認めてはいないからである。そこで、(5)「人間的自然(Human Nature)」という「自然」が登場する。この意味での「自然」は、最初の「物理主義」の「自然」からは遠く離れている。さまざまに豊かな「人間の生のあり方」が埋め込まれうるからである。この意味での自然主義は、「人間的自然」ということの理解の仕方によって、さらに三種に区別されるだろう。

i　ヒューム主義
ii　アリストテレス主義
iii　カント主義

カント主義までもが「自然主義」とされるのは奇妙に思われるかもしれない。しかし、カントにおいて「理性」こそは、「人間的自然=人間本性」であった。こうした理解はじつはアリストテレスにもある、いやそこに起源がある。(神を別にすれば)人間だけが理性をもっている。しかるに、あるものを他のものと区別する特性が、そのものの本性である。よって、理性が人間の本性であることになる。ただし、アリストテレスの考え方にはもうひとつの流れがあった。他の生き物とは異なる「生のあり方」をもっているとはいえ、人間もやはり生物であるという論点である。

フットは、カント主義と微妙に交錯したアリストテレス主義に立っている。ポイントは、「人間的自然」の要となる論点をどこに見るかである。くりかえしになるが、人間には、生きているということで植物と、何らかの欲求に基づいて動くということで動物と共通した「機能」がある。しかしそれだけでなく、「理性」という機能があり、このことによって「理由」について「考える」ことができる。これをどのように位置づけるかである。

あくまでも大ざっぱな言い方になるが、倫理とのかかわりで言えば、ヒューム主義は、欲求とのかかわりで生じる「感情」にその本質を見る立場である。対照的に、カント主義は「理性」に本質を見る。フットは、ヒューム主義と、その延長上にある表出主義を「主観主義」に陥るものとして退けている。その限りではカント主義と親和的である。しかし同時に、植物や動物との共通性を指摘しないわけにはいかない。人間は「理性的」であるかもしれないが、それでも「動物」である。逆に、たしかに「動物」ではあるが、ただの動物ではなく、「理性的な」あり方をしている。この意味で、先に触れたように「生物学主義」ともされるアリストテレス主義に近い立場にあることになる。

アリストテレス主義とカント主義との違いは、ふたたび大胆に言えば、われわれ人間が抱えている「反道徳性」を、「生き物」であることに基づく「欠陥」、つまり「やむをえない限界」と考えるか、あくまでも「理性」のあり方の内に、さらには「自由」とのかかわりで位置づけようとするかにある。アリストテレス主義においては、人間における理性とは異なる生のあり方を認めることによって、一見すると善悪二元論になるように見えながら、「悪」は最終的には「欠陥」にとどまることになる。対照的にカント主義は、人間のあり方を理性に集約することで、徹底するならば、単なる「欠陥」ではない積極的な「根本悪」を承認しなければならないことになるはずである。「悪」は自由な理性が「意志」しうることでなければならないからである（もっともカント自身は、根本悪を傾向性に見ているから、悪はやはり消極的でしかない）。

2　徳倫理学とは？

フットは、自らを「徳倫理学者」とは名乗りたがらなかったと伝えられている。どうしてだろうか？　ここには、「徳倫理」をどのような立場と理解するかという問題がかかわっている。

（1）まず、表層的なことではあるが、「徳倫理」がカトリックの教義と結びつけられて理解されがちであったことは指摘しておいてよいと思う。なんといっても「徳倫理学」の代表者はカトリックの教義の代表者でもあるトマス・アクィナスであった。フットは、筋金入りのカトリックであるアンスコムの弟子であり、また、その勧めによって読んだトマス・アクィナスの著作から大きな刺激をえていたが、確固たる「無神論者」であった（欧米社会においては「無神論者」であることを自認することは、きわめて明確に自分の「立ち位置」を明らかにすることである）。フットにとって徳倫理学は、「ギリシアの復権」であるより以上に、通俗化した意味でのカトリックの倫理、キリスト教の倫理であった。フットがこうした徳倫理を構想していなかったことは明らかである。

（2）次に、義務論や功利主義であることを「主義」として明確に標榜しない立場は、ある時期に論じられた「状況倫理」を別にすれば、何らかの意味で「徳倫理」でありうることは確認しておいてよい。「徳倫理」の重要な特徴のひとつとして、「行為のあり方」ではなく「人のあり方」に着目することが指摘されている。具体的な場面で「人が何を行なう（べき）か」だけではなく、一般に「人が何である（べき）か」を問題にすれば、それは何かしら、その人の「生のあり方」について触れることになり、その「徳」について何かしら語ることになるからである。しかしこのことは、義務論や功利主義の「勧進元」であったカントやミルについても言える。逆に、いわゆる「慣習道徳」は、その多くは、「人のあり方」に基づいて「行為のあり方」を語る「徳倫理」である。フットはこのような意味での「徳倫理」を論じたわけではない。

（3）さらに、「徳倫理」は「人のあり方」に着目した倫理であるから、その中身を「規則」や「ルール」「原則」としては書けない、あるいは書かないということが、もうひとつの重要な特徴としてしばしば指摘されている。この論点は、現代においては、行為の原則にかんする「個別主義（particularism）」という立場とのかかわりで論じられている[1]。個別主義をめぐる議論は多岐にわたるが、ここではいわゆる「経験則（rule of thumb）」をどう考えるかという問題とのかかわりについてだけ触れておこう。「例外を認める規則は規則ではない」といった、しばしば「規則フェチシズム」と呼ばれたりもする厳格主義をとるのではない限り、多くの場合「人が何を行なうべきか」はほぼ書けるからである。厳格主義を否定するのが「個別主義」であるとしてよいならば、フットは、「中絶」の是非といった、いわゆる「応用倫理学」の問題を論ずるにあたっては、個別主義に近づいている。この意味ではフットは、たしかに「徳倫理」を主張していることになる。しかし、より本質的には、

（4）「徳倫理学」には、いずれにせよ遡ればギリシア、さらにはアリストテレスに由来するとされるのだが、（2）（3）の論点に加えて、「普遍性」への志向という観点から大胆に大きく分ければ、ふたつの流れがあることが確認されなければならない。つまり、人間を「ポリスに生きる動物」とすることから出発し「共同体」論として展開した流れと、人間が「理性ある動物」でもあることから出発し「思考の徳」を重視する流れである。

前者の流れが現代における「徳倫理学」の主流である。代表的な論者としては、A・マッキンタ

イア[2]、あるいはB・ウィリアムズ[3]などを挙げることができよう。しかしこの流れにある立場として注目すべきは、倫理学においてというよりも政治学において「共同体論」として論じられている「共通善」のもとに徳を構想する立場である。ここでは人間の生のあり方において何が徳であるかは、それぞれの共同体において、その実践を通じて、いわば「伝統」として成立した「共通善」が決めることになる。この立場からは、一般には「普遍主義」は否定されることになる。あるいは、普遍性を標榜するとすれば、自分たち以外に普遍はないと語ることになる（カトリックは、まさに歴史性や共同性といったローカルなあり方ではなく、神の前での普遍性を語る立場であった）。

しかし、徳について論ずることには、人間のあり方について、さらに「考える」という位相がある。フットは、植物や動物における善さと人間における善さの平行性を主張し、正不正にかかわる道徳的判断も歴史性といったローカルなあり方に限定されるのではなく、その基礎においては人間における「優れたあり方」として共通であると考えている。つまり、ポリスの「伝統」よりも理性が「考える」ことの上に徳を構想している。この点ではフットはまさにアリストテレスの「正嫡」である（「正嫡」という言い方は、すでに差別語であるようにも思われるが、あえて用いたい）。とはいえフットは、現実的な（いわゆる「応用倫理学」の）問題については、具体的な状況とのかかわりで、ある意味での「文化相対性」を否定してはいない。この点では微妙な立場に立つことになる。

3　伝記的事実

ここで、本書の著者フットの経歴について少し紹介しておこう。フットは、イングランドで鉄鋼会社を経営する父ウィリアム・ボーサンキットと第二二・二四代アメリカ合衆国大統領クリーヴランドの娘エスターの子としてイングランドの地方都市オーストン・フェリーに一九二〇年に生まれた。後にその経緯に少し触れるが、「フット」は結婚後の姓である。裕福な家庭の子女として「ガヴァネス（女家庭教師）」による「個人」教育のもとで成長し、大学に入るまで、いわゆる正規の「学校」教育を受けてはいない。フットはオックスフォード大学のサマヴィルカレッジで哲学と政治学、経済学などを修めた。ちなみに、当時サマヴィルカレッジは女子校であった。

優秀な成績で「学部」卒業後、奨学金をえてG・E・M・アンスコムのもとで学んだ。「師」であったアンスコムは、アリストテレスやトマス・アクィナスの読解を通じて、「行為の哲学」にかんしてはその著書『インテンション』などで、また倫理学にかんしては論文'Modern Moral Philosophy'（邦訳進行中）などで「徳倫理」の重要性を論ずることで現代哲学の展開に大きな貢献をしている。こうしたアンスコムの影響と成果はフット自身が述べているように、本書にも明らかである。

もう一人、フットに大きな影響を与えた人物として、むしろ小説家として知られるアイリス・マードックの名前を挙げておくべきだろう。フットは最初の論文集『美徳と悪徳（*Virtues and Vices*）』をマードックに捧げている。二人はある時期、いわゆる「ルームメイト（flat mates）」であり、後にフィリッパがマードックの夫であったM・R・D・フットと結婚してからも、（いろいろあったようだが）その友人関係はつづいた。本書ではマードックについては言及していないが、マードックの、慣習道徳的には「善い」とばかりは言えないとしても「自由」で「優れた」「生のあり方」についてのフットの思いは本書にも示されていると思う。

フットは、一九四七年にサマヴィルカレッジで教えはじめて、一九七四年にカリフォルニア大学ロサンゼルス校（UCLA）でテニュアをえて、一九九一年までその職にあった。UCLAでの仕事がそのキャリアの中心となる。そこでの若い同僚や議論仲間に、本書でも言及されたW・クインがおり、G・ローレンスがいた（私的な思い出になるが、フットが退職し、クインが亡くなった直後に、私は同じカリフォルニアのスタンフォード大学に、いわゆる「客員研究員」として滞在していた。たまたま知り合った、いまはカナダの大学で教えている「准教授」がフットについて尊敬の念をあらわに熱く語るのに接して驚いた。すでに著書『美徳と悪徳』は入手していたが、フットがそのように語られる人であるとは思っていなかったからである。クインの遺稿集もスタンフォードのブックセンターで手に入れた。一七ドル九五セントというシールがいまでも貼られたままになっている）。

4 「善の文法」

フットへの献呈論文集の序文によれば、フットは本書を『善の文法（The Grammar of Goodness）』というタイトルのもとに構想していたという。この翻訳のタイトル『人間にとって善とは何か』は、ある意味で本書をこの構想のもとで読み直すものでもある。

そこで、「善（good）」という言葉について、その意味のいくつかを区別しておこう。狙いは、「善」という概念について、フットよりも網を広げておくことにある。

（1）そのものにとって何らか「利益」になることはよい（お金はその所有者にとってよい、梅雨時の雨は米の生育にとってよい）

（2）そのものが「それ自体として」何らか優れていること（ネズミをとるネコはよい、ヒョウが速く走れることはよい）

（3）「道徳的に」不正でないこと（他人のものを盗むのは不正である）

（4）ある種の「美的」な立派さ・見事さ（彼／彼女にはオーラがある）
（5）幸福（彼は幸せである）

フットは、本書において、（1）について無視しているわけではないが、もっぱら（2）（3）（5）の意味での「善」をとりあげ、その「文法」について論じている。（4）は第7章でのニーチェ批判において、じつは裏側から問題にされるが、正面には登場しない。（1）の意味での善は、（2）（3）（5）といった当のものの「内的な善さ」ではなく、あるものが他のものにとって何らかの利益をもたらすという意味での「外的な善さ」である。いわゆる「財（goods）」の「善さ」である。こうした外的な善さは、当のものの善さの実現のために何らか不可欠なものであるから、議論の底流としては流れているが、本書の表面には出てこない。

しかし、徳あることは、その人が善いあり方をしていることを「内的に構成している」善さであると考えられてはいるが、同時にじつは、その人にとって「利益」となるという意味で「目的―手段」関係にある「外的な善」さでもあるような何かとして、提示されてもいる。そこで、最終的な問題は、（2）徳あることが、（3）（5）というまさにその人の「内的な善さ」と「概念的に一致する」こと、そこに「人間にとっての善」の究極的な根拠があるとフットが考えていることをどう理解するかにある。じつは、これはプラトンが『国家』のなかで問うた問いでもある。では、フットはプラトンよりうまく「実際に一致しうるし、している」と示すことができているのか？

まずは「微妙だ」と答えなくてはならない。問題はまず、「目的―手段」連関においては論じられないような「善さ」があるかどうかにある。植物や動物については「成長・生存・生殖」という「目的」との関係で、そのあり方を問題にすればよい（としておこう）。だが人間については、この議論はまったくパラレルに適用できるわけではない。人間の「生のあり方」は「成長・生存・生殖」からは「はみ出している」。

そこで浮かびあがってくる問題は、自分に不利益であるとわかっている（と思っている）ことをすることが、「目的―手段」連関のなかに収まるかどうかである。フットは「収まらない」と考えている。それでもなお、そうすることが「理に適っている」場合があるというのだ。そして、それが「理に適っている」がゆえに、つまり「理由ある」ことであるから、それが「優れたこと」でもありうることになる。大枠でフットはこのように論じている。

フットの論点は、ある意味では平凡なことである。つまり、あることをすることの「善さ」、そして人間の「善さ」を支えているのは、われわれがそうすること、そうあることを「善い」と思うかどうかではなく、それに「理由」があるかどうか、しかも、「事実」として提出される「理由」があるかどうかということにある。私もそう思う。しかし残念なことにフットが示したのは、「否応のない論理」ではなく、「「なるほどね」という理由」、いや、もっと弱く、「「なるほどね」という説得の言葉」だとも思う。提示された事実をわれわれが「理由」であると思うかどうかという問題が依然として残っている。しかし、この点は別にしても、問題を「理由」という観点から見ることは、優れた展開である。つまり、論争点は、われわれがさまざまに考えるさまざまな「善さ」ではなく、その問題をめぐる「事実」に移るからである。大胆な言い方になるが、多くの倫理問題はなかば事実問題である。そこでは、何を「事実」と考えるかが問題になる。

5　フットへの批判

フットの自然主義については、もちろん批判がある。先に「生物学主義」ではないかという理解と、それに対する批判については触れた。ここではさらにふたつの批判について見ておきたい。

（1）無造作に事実から規範を導く生物学主義ではないかという批判と裏表の批判であるのだが、道徳的であることは、生物に見られる共通の生のあり方、つまり「成長・生存・生殖」に寄与するとは限らないという事実を指摘することに始まる批判がある。これはもっともであるがつまらない批判である。つまらない批判にはつまらない応答しかない。フットは、道徳は、したがってまた人間にとっての「善い生のあり方」は、もっぱら「成長・生存・生殖」のためにあると主張しているわけではない。人間にとっての「善い生のあり方」はもっと豊かでありうる。そのうえでの議論である。もちろんフットは、植物や動物にとっての善さの延長線上に人間にとっての善さを見て、しかも、「文法」としては同じであると主張しているから、「成長・生存・生殖」が人間にとっての善ではないとは言えない。しかし、この点については、一般的には「シカにとっての善さ」であることがあるように、「善い生のあり方」をしていることが、つまり、道徳的であることが、場合によっては不利益をもたらすことがあるということは、何ら致命的な欠点ではない。

（2）フットの主張は、「欠陥が悪である」と纏めることができなくはない。ここで、欠陥とされることが「あるべき」「正常な（normal）」機能が欠けていることであるとするならば——そのように理解することは（われわれの言語のあり方の理解としては）正しいと思うが——さまざまなハンディキャップをもった人のあり方を「悪である」とすることになる。そうした生のあり方をしていることに対する不当な差別ではないかという批判が生ずることになる。

ふたつの応答がありうるだろう。ひとつは、しばしば「共犯（partner in crime）論法」と言われる議論を採用する。義務論や功利主義も、まったく同じではないとしても、同様の問題を抱えていることを指摘する方法だ。「自律していない人」を、しうる人と同じく扱うのはどうしてか？　むしろそれこそ不当なことではないか？　この問いに対して、「不当ではない」と論ずることができるならば、同様にハンディキャップのある人を、ハンディキャップがあるにもかかわらず同じように扱うことができるし、扱わなければならないという論理を構成できるだろう。このような言い方をするのは、いまのところ「義務論者はそうした論理をうまく構成できてはいない」という私の判断がある。功利主義にかんしては、ある意味で真逆の議論になる。P・シンガーが批判された事情を考えてみればいい。そのシンガーは「動物解放論者」でもあったのだ。

もっともこの応答は、いわば「外野」からの応答でしかない。問題なのは「あなたの立場」なのであって、他の人が同様に困難に陥るかどうかは問題ではないと再反論されるであろう。これは正しい反論である。義務論や功利主義が応えきれていないからといって、「あなたの応答責任がなくなるわけではない」。

第二の応答は、批判の論点を裏返し、「完全でないかぎり何らかの欠陥がある」と応ずることから始まる。アリストテレスは、「正義」を積極的に定義しようとすると「等しいものを等しく扱う」といったきわめて形式的な仕方でしか論ずることができないことから、正義の実質的な内実は、さまざまに「かくかくしかじかの仕方で不正である」ことを裏返す仕方で示されると論じた。「これは不正である」とは言えないあり方をしていることが「正しい」あり方である。いわゆる日常言語学派の哲学者のJ・L・オースティンもまた、先のアリストテレスの論点を踏まえてのことであったが、「本物である」ことは、さまざまに「このような仕方で偽物である」ことの裏返しとしてしか論じえないと主張した（ちなみに、トルストイも『アンナ・カレーニナ』の冒頭で「幸福な家族はみな同じように見えるが、不幸な家族はそれぞれに不幸な形がある」と述べている）。フットもまた、行為の正しさについて、「正しいということは、さまざまな仕方でありうる悪がないことだ」と論じている。そこに「悪がない」ということが「正しい」ということである。形容詞の比較変化とのアナロジーで言えば、この言い方は、「正しい」という言い方の「最上級」、つまり、何かと比較して「善い」というのではなく、端的に「善い」という「原級」で語られる事態である。そして、この意味で「欠陥がある」ことは、裏返して言えばわれわれの生のあり方の「デフォルト」、つまり「初期状態」である。欠陥のない人はいないのだ。フットの論点はハンディキャップを貶めることではない。

先の徳倫理の特徴づけにおいては触れなかったが、徳倫理の第三の特徴として、しばしば「完成主義（perfectionism）」という言い方がされることがある。徳倫理には、いわゆる「理想」がある。その理想の「完成」をめざすことが大事だとされるからである。このことから、さらに「完成している」ことに価値を見る「エリート主義」ではないかといった批判もされることになった。たしかに、アリストテレスにおける徳倫理の論点のひとつはここ、つまり「よき生のあり方を求める」ことにあった。この論点はしかし、ここでは、完成することが事実上ありえないことであるならば、「欠点を非難するのではなく、長所を賞賛する」こととして読みかえられるだろう。つまり、何らかの「悪行」に対して「罪」として責任を問うことは当然であるとされようが、あらゆる欠陥の責任が問われるわけではない。あなたは、人の欠陥を咎め立てすることと、いいところを褒めるのと、概してどちらが望ましいと思うだろうか？

ハンディキャップや欠点は、それが「アリストテレス的必然性」にかかわることであるならば、それがハンディキャップや欠点のままにとどまらないあり方を「要求する理由」、つまり「権利」ともなりうる。この点については、フットのOxfamとのかかわりから見てみよう。

6 Oxfamとフット

Oxfam（創設時の名称は「オックスフォード飢饉救済委員会（*Oxford Committee for **Fam**ine Relief*）」）は、日本支部の公式ホームページから引けば、「世界九〇カ国以上で、そこに住む人びとと共に活動する民間の支援団体」であり、「貧困に生きる人びとがその貧困から抜け出そうとする努力をサポートし、また貧困そのものを根本的になくそうとする活動を行なってい」る。フットは、一九四〇年代にオックスフォード大学の関係者たちがナチス占領下のギリシアの飢餓救済を掲げて活動しはじめたときのメンバーの一人であった。

Oxfamが世界的に活動している有力な「慈善」団体のひとつであることはたしかである。欧米の古典的な「自由主義」は、ボランタリーな「援助」を「セイフティネット」としていることによって成り立ってきた。ボランタリーな活動は、多くの場合、「すべきである」という「義務」というよりも、「そうするのが善い」という「慈善」の意識のうえにある。

創立五〇周年の記念公演「正義と慈愛」でフットは、Oxfamの活動が、「単にわれわれのそうしたいという同情からなされることではなく、それを必要としている人の権利」に応えるものであることを、この考えが反アパルトヘイト運動の指導者でもあったタンザニアの（国教会）司教トレバー・ハドルストンによって一九六六年にOxfamの活動家に語られたメッセージであったことを回顧しながら述べている。いまでこそ、ある種の「再配分」が恩恵・慈善の問題としてではなく権利の問題として論じられることについては、少なくとも倫理学の世界では、かなりの同意がえられているように思われるが、一九九二年には未だそれほど馴染みなく、一九六六年当時にも、ましてや一九四二年当時には、Ｏｘｆａｍの活動家たちにとってさえ「途方もない（quite odd）」考え方であったろう。

ここで考えたいのは、フットが自身の認識はともあれ、「徳倫理学者」であるにもかかわらず、このように「権利」を語ることができるのはなぜかという問題である。じつは、「権利」という概念は「徳」という概念と必ずしも折り合いがいいとは言えない。権利は、本書での言い方をすれば「欠陥ある者」と「欠陥なき者」とを同じレベルにおくことを可能にする概念であるからである。では、何が繋いでいるのか？　繋いでいるのは、「必要」という概念である。本書でフットが強調している「アリストテレス的必然性」によって「不可欠」であり「必要である」とされること、それが、「権利」という言葉によって語ることが「途方もない」ことではない事態である。不可欠な「必要は満たされるべきである」。

7　なぜニーチェなのか？

本書の第7章、つまり最終章はニーチェ論である。本書冒頭の「この本の読み方について」で私は第7章を最後に読むように促した。ニーチェをどう読むかは難しい問題であり、フットも本書以前にも二度ニーチェを論じている。フットはなぜニーチェについて論じなければならなかったのか？

ひとつにはニーチェが、先に示した徳倫理学のふたつの大きな流れとは異なるもうひとつのありうべき「徳倫理」の提唱者、あるいは継承者であることがかかわっている。つまり、まさに古典ギリシア世界の正統であるとニーチェが考えた「超人（優越者）」の倫理である。これは、一見するといまや馬鹿げた立場であると思われるかもしれない。しかし、このニーチェの議論は無視しえない「徳」倫理についての考え方のひとつである。

本書でのニーチェ論のタイトルは「反道徳主義（immoralism）」である。じつは'immoral'という言葉はかなり新しい言葉である。流通している道徳に従わないでいるという意味での「不道徳（unmoral）」、そもそも道徳などを気にしないという意味での「非道徳（amoral）」と区別するために、本書では「反道徳」と訳すことにした。必ずしもふさわしい訳ではないが、ニーチェにおける'immoral'は、単に既存の道徳、つまりキリスト教道徳に対するニヒリスティックな批判であるだけではなく、ある意味では積極的に「別の」道徳を主張する立場であるからである。その限りではニーチェは「反」道徳主義者ではなく、「対抗」道徳主義者である。しかしそれだけではない。たしかにニーチェは、ギリシアに遡るフットとは別の「徳倫理」、つまり「優れている」ことについての別の理解に基づく倫理を提示している。しかし、その核にあるのは、先に区別した「善」の（4）美的な善さである。

ニーチェの「優れている」ことの理想の一形態は、たとえばあのゲーテである。ニーチェの「道徳」は、われわれの通常の道徳が語ろうとしている概念で動いてはいない。「平等」とか「権利」、さらには「普遍性」といった理念は道徳的な評価において必ずしも考慮されるべきことではない。そしてまた実際、「すべての人が平等であるはずがないではないか」「誰にどうしてどんな権利があるのか」「善悪が誰にとっても同じであるなどどうして言えるのか」。ここでは、いわゆる「エゴイズム」もまた有力なオプションとなる。少なくとも、誰にとっても悪いことであるとは言えないことになる。徳倫理はこうした問題を抱えている（このことも、フットが徳倫理学者であると自認しなかったことにかかわっているだろう）。いわゆる「遠近法主義（perspectivism）」の問題が浮かび上がってくる。ニーチェによれば普遍的で誰にでもあてはまる「道徳的な意味での善さ・悪さなどはない」。誰についても言える不可欠な「必要」などはないことになる。

フットはまさにこの問題にこだわった。遠近法主義のもとでニーチェが構想しているような「代替」倫理が本当に可能か？　遠近法主義のもとでは、さまざまな道徳、あるいは倫理が可能となる。少なくとも、あらかじめ排除はされない。その意味でニーチェこそは、現代における表出主義の隠れた「ボス」でもある。だから、ニーチェ批判は表出主義批判でもある。もっとも、じつは現代における標準的な表出主義は、ある意味で穏当な立場である。さまざまな人間のさまざまな表出があるから、必ずしも確定的に「収束」するとは保証されないが、「人間本性」の範囲に収まると考えるからである。

では、フットのニーチェ批判は成功しているか？　ニーチェの立場は、標準的な表出主義的な立場より遥かに「強い」主張である。「別の道徳ではなくとも、別の、しかも確定的な倫理がある」と積極的に語るからである。言うまでもないが、強い主張ほど批判しやすい。成立しない場合をあげればいいからである。しかし、それほど簡単には話は進まない。いわゆる「挙証責任」の押しつけ合いを行なうことになる。じつはニーチェ自身、自らの立場を「挙証」できているわけではない。「別の倫理がありうるということは決定的に否定されているわけではない」ということしか語りえていないのだ。だからひるがえって、フットの反論も決定的な成功を収めてはいない。ニーチェの問いに決定的に答える形で「自然的な善さ」に基づく道徳を異論の余地なく示しているとは思われないからである。「道徳」がそれ自身、ひとつの「遠近法主義」の現れでしかない可能性を閉じてはいない。実際、ハーストハウスなどは、その可能性を受け入れているように思われる。ニーチェは正しいことが示されているわけではないが、それでも力強い。問題は残されている。しかし、この問題に、これ以上立ち入ることはできない。

むしろ、成果を指摘して終わろう。われわれに「自然的な善さ」があるとすれば、そして、それはあると思うが、それが示され発揮されるのは、われわれの「生のあり方」においてである。だから、ある意味では、わかりきったこと、つまりギリシアの時代から論じられてきたことであるのだが、「善き人」になるように教育されること、それが可能な社会であること、このふたつがなければ、「善き人」になることは、不可能ではないとしても、困難である。あなたは、誰の言葉に耳を傾けるのか?

＊

この翻訳は、訳者たちが「個別主義」として知られる倫理学の立場の本の読書会をしていたときに、その源泉のひとつである徳倫理について確認しようとして手にしたものだ。コンパクトでありながら核になる論点を力強く描いている著作であることから、学問の世界だけでなく社会的にも注目を集めつつある徳倫理について、本気で考えてみたい人のための「入門」になると考えて翻訳を試みた。

翻訳にあたっては、第2・3章を河田、第4・5章を立花、第6・7章を壁谷、そして「まえがき」「あとがき」と第1章を高橋が粗訳を担当し、原稿に対して相互に手入れし、問題点についての打ち合わせを行なった。できるだけ早く出版しようということで、最終的には高橋が「監訳」という立場で、解釈の分かれるところや文体についてやや強引に了解を求めた。したがって、誤訳があれば高橋の責任である。なお、本文中の引用については、既訳を参照したものもあるが、文脈やフットの議論の流れを考慮し、必ずしもすべて従ってはいない。

翻訳の過程で京都大学倫理学教室の「フット勉強会」(佐藤岳詩、杉本俊介、林誓雄の諸氏)の資料(レジュメ・部分訳)をいただき、参照することができた。快く資料を提供頂いたことに感謝したい。最後に、筑摩書房の平野洋子さんに、その辛抱強く、ときには有無を言わせぬ編集者としての「手綱さばき」にあらためて感謝したい。

(1) この解説の最後に触れるように、「個別主義」をどのように理解するかは、本書を翻訳するきっかけとなった問題でもある。このあたりの問題についてさらに立ち入って考えてみたい人には、S. McKeever and M. Ridge, *Principled Ethics*. Oxford: Oxford University Press, 2006 を挙げておく。

(2) 『美徳なき時代』(篠崎栄訳、みすず書房、一九九三年)。

(3) 『生き方について哲学は何が言えるか』(森際康友・下川潔訳、産業図書、一九九三年)。またこうした立場に親和的な手近な徳倫理の解説として、R・テイラー『卓越の倫理』(古牧徳生・次田憲和訳、晃洋書房、二〇一三年)を挙げておこう。

＊著書および関連文献

I フットの（編）著作

――*Theories of Ethics*, ed. with introduction. Oxford: Oxford University Press, 1967. オックスフォード大学の定評ある哲学のアンソロジーの一冊。

――*Virtues and Vices: and Other Essays in Moral Philosophy*, collected papers, with introduction, and added footnotes, and two previously unpublished papers. Berkeley: University of California Press, 1978, and with new introduction and index, Oxford: Blackwell, 2001. 本書が出版されるまでフットの主著とされてきた初期から中期にかけての論文集。

――*Morality and Action: Collected Papers of Warren Quinn*, ed. with introduction. Cambridge University Press, 1933. 本書でも言及されたＵＣＬＡにおける若い同僚の遺稿集。

――*Natural Goodness*. Oxford: Oxford University Press, 2001. 本書。

――*Moral Dilemmas: and Other Topics in Moral Philosophy*. Oxford: Oxford University Press, 2002. 中期から後期にかけての第二の論文集。なお、この著作には、フットの著作についての包括的ではないがかなり詳しい目録が付されている。

――'Justice and Charity,' *Gilbert Murray Memorial Lecture 1992*. Oxford: Oxfam, 1993. pp. 1-16. 論文集には収められてはいない。Ｏｘｆａｍの活動と正義の問題を論じた資料的にも面白い論文。

――'Rationality and Goodness,' in A. O'Hear, (ed.), *Modern Moral Philosophy*, Cambridge: Cambridge University Press, 2004. pp. 1–14. これも論文集に収められていない、本書以後の最後の重要な論文。

Ⅱ　フットについての著作・論集・事典・インタヴュー（個々の研究論文は除く）

――R. Hursthouse, G. Lawrence and W. Quinn, eds, *Virtues and Reasons: Philippa Foot and Moral Theory*. Oxford: Oxford University Press, 1995. ＵＣＬＡからの退職にあたって企画された「献呈論文集」。本書で言及されているアンスコム、マクダウェル、スキャンロン、ウィギンズ、そしてＢ・ウィリアムズといった英米哲学の「大物」どころが寄稿。

――R. Hursthouse, *On Virtue Ethics*. Oxford: Oxford University Press, 1999. とくにフットについての著作というのではないが、アンスコム、フットの流れをくむ徳倫理の代表的な論者による包括的な研究書（現在、翻訳が進行中）。

――A. Voorhoeve, 'The Grammar of Goodness', in *The Harvard Review of Philosophy, XI*, pp. 32-44, 2003, *Conversations on Ethics*. Oxford: Oxford University Press, 2009 に再録。

――R. Lewis, 'Philippa Foot', in *Philosophy Now, 41.*, online (http://philosophynow.org/issues/41/Philippa_Foot). 上記Voorhoeveとともに、本書の出版後まもなくなされた、それぞれに率直に（すぎる?-）フットが自分の考えを述べたインタヴュー記録。

――R. Hursthouse, 'Foot, Philippa' in H. LaFollette, (ed), *The International Encyclopedia of Ethics*. Oxford: Wiley-Blackwell, 2013, Vol. IV, pp. 1993–2000. 事典項目としての代表的な記述。

――J. Hacker-Wright, *Philippa Foot's Moral Thought*. London: Bloomsbury, 2013. フットの哲学

的・思想的遍歴についてのかなり詳しい紹介。

——D. Edmonds, *Would You Kill the Fat Man?* Princeton: Princeton University Press, 2014. サンデルの講義で話題になった「トロッコ問題」の起源がフットにあることや、その後の展開を論じ、フットの「応用倫理学」における意義についての(面白い)紹介。

——杉本俊介「フィリッパ・フットの自然主義・徳理論・Why Be Moral? 問題」『実践哲学研究』第三六号(二〇一三)一八一—二〇八頁。日本語で読めるほとんど唯一のフットについてのサーベイ論文(なお同号には、「研究報告」として京都大学倫理学教室の「徳倫理学研究会」のメンバーによる「徳倫理の最前線(1)」が掲載されている)。

Ⅲ　フットの翻訳

本書が最初の邦訳である。なお本書については、ドイツ語・イタリア語・スペイン語訳がある。

SALAQUARDA, J. 'Nietzsche and the Judaeo-Christian Tradition.' In Bernd Magnus and Kathleen Higgins (eds.), *The Cambridge Companion to Nietzsche*. Cambridge: Cambridge University Press, 1996.

SCHACHT, R. (ed.). *Nietzsche, Genealogy, Morality*. Berkeley: University of California Press, 1994.

SEN, A. 'Utilitarianism and Welfarism.' *Journal of Philosophy* 76.9 (1979): 463–89.

SMITH, M. 'The Humean Theory of Motivation.' *Mind* n. s. 96 (1987): 36–61. (改訂版は『道徳の中心問題』所収、樫則章監訳、ナカニシヤ出版、2006 年)

SOLOMON, R. (ed.). *Nietzsche: A Collection of Critical Essays*. New York: Anchor Press/Doubleday, 1973.

STATMAN, D. (ed.). *Virtue Ethics*. Edinburgh: Edinburgh University Press, 1997.

STEIN, G. 'The Good Anna' In Stein, *Three Lives*. New York: Penguin, 1990. (「お人好しのアナ」『三人の女』落石八月月訳、マガジンハウス、1990 年)

STERN, J. *Friedrich Nietzsche*. New York: Penguin, 1979.

STEVENSON, C. L. *Ethics and Language*. New Haven, Conn.: Yale University Press, 1945. (『倫理と言語』島田四郎訳、内田老鶴圃、1984 年)

TAUREK, J. 'Should the Numbers Count?' *Philosophy and Public Affairs* 6.4 (1977): 293–316.

THOMPSON, M. 'The Representation of Life.' In R. Hursthouse, G. Lawrence, and W. Quinn (eds.), *Virtues and Reasons*. Oxford: Clarendon Press, 1995.

WATSON, G. 'On the Primacy of Character.' In D. Statman (ed.), *Virtue Ethics* (q.v.), 56–81.

WIGGINS, D. 'Eudaimonism and Realism in Aristotle's Ethics: A Reply to John McDowell.' In R. Heinaman (ed.), *Aristotle and Moral Realism* (q.v.), 219–31.

——'A Sensible Subjectivism?' In Wiggins, *Needs, Values, Truth* (Aristotelian Society Series no. 6). Oxford: Blackwell, 1987, 185–214.

——'Postscript 4.' In Wiggins, *Needs, Values, Truth* (Aristotelian Society Series no. 6). Oxford: Blackwell, 1987, 351–6.

WILLIAMS, B. *Ethics and the Limits of Philosophy*. London: Fontana/Collins, 1985. (『生き方について哲学は何が言えるか』森際康友ほか訳、産業図書、1993 年)

——'Nietzsche's Minimalist Moral Psychology.' In R. Schacht (ed.). *Nietzsche, Genealogy, Morality* (q.v.), 237–47.

WITTGENSTEIN, LUDWIG. *Philosophical Investigations*. Oxford: Blackwell, 1953. (『哲学探究』「ウィトゲンシュタイン全集 8」藤本隆志訳、大修館書店、1976 年)

——*Remarks on the Philosophy of Psychology*. Oxford: Blackwell, 1980. (『心理学の哲学』「ウィトゲンシュタイン全集補巻 2」野家啓一訳、大修館書店、1988 年)

MOORE, G. E. *Principia Ethica*. Cambridge: Cambridge University Press, 1903.（『倫理学原理』泉谷周三郎ほか訳、三和書籍、2010 年）

NAGEL, T. *The Possibility of Altruism*. Oxford: Clarendon Press, 1970.

NIETZSCHE, FRIEDRICH. *The Gay Science*, trans. W. Kaufmann. New York: Vintage Books, 1974.（『悦ばしき知識』「ニーチェ全集 8」信太正三訳、ちくま学芸文庫、1993 年）

——*Human, All Too Human*, trans. M. Faber and S. Lehman. Lincoln: University of Nebraska Press, 1984.『人間的、あまりに人間的』「ニーチェ全集 5-6」池尾健一訳、ちくま学芸文庫、1994 年）

——*On the Genealogy of Morals*, trans. W. Kaufmann. New York: Vintage Books, 1967.（『道徳の系譜』「ニーチェ全集 11」信太正三訳、筑摩書房、1993 年）

——*The Portable Nietzsche*, ed. W. Kaufmann. New York: Viking, 1954.

——*Thus Spake Zarathustra*, trans. W. Kaufmann. In Nietzsche, *The Portable Nietzsche*, 121-439.（『ツァラトゥストラ』「ニーチェ全集 9-10」吉沢伝三郎訳、ちくま学芸文庫、1993 年）

——*Twilight of the Idols*, trans. W. Kaufmann. In Nietzsche, *The Portable Nietzsche*, 464-563.（『偶像の黄昏』「ニーチェ全集 14」原佑訳、ちくま学芸文庫、1994 年）

NIJINSKY, R. *Nijinsky*. New York: Simon & Schuster, 1972.

PARFIT, D. *Reasons and Persons*, Oxford: Oxford University Press, 1984.（『理由と人格』森村進訳、勁草書房、1998 年）

PLATO. *Gorgias*, trans. W. Lamb. Loeb Classical Library. Cambridge, Mass.: Harvard University Press, 1991.（『ゴルギアス』「プラトン全集 9」加来彰俊訳、岩波書店、1974 年）

——*The Republic*, trans. P. Shorey. Loeb Classical Library, Cambridge, Mass.: Harvard University Press, 1930.（『国家』「プラトン全集 11」藤沢令夫訳、岩波書店、1976 年）

PRICHARD, H. A. 'Duty and Interest' (inaugural lecture). Oxford: Oxford University Press, 1928. Reprinted in Prichard, *Moral Obligation*. Paperback edition. Oxford: Oxford University Press, 1968, 201-38.

QUINN, W. 'Putting Rationality in its Place.' In Quinn, *Morality and Action*. Cambridge: Cambridge University Press, 1993, 228-55.

——'Rationality and the Human Good.' In Quinn, *Morality and Action*. Cambridge: Cambridge University Press, 1993, 210-17.

RORTY, A. (ed.). *Essays on Aristotle's Ethics*. Berkeley: University of California Press, 1980.

ROSEBERY, LORD. *Pitt*. London: Macmillan, 1899.

HURSTHOUSE, R., LAWRENCE, G., and Quinn, W. (eds.). *Virtues and Reasons*. Oxford: Clarendon Press, 1995.

JONES, J. *Dostoevsky*. Oxford: Clarendon Press, 1983.

KANT, IMMANUEL. *Foundations of the Metaphysic of Morals*, trans. T. K. Abbott. London: Longmans, 1946.（『道徳形而上学原論』篠田英雄訳、岩波文庫、1976 年）

KAUFMANN, W. *Nietzsche: Philosopher, Psychologist, Antichrist*. New York: Vintage Press, Random House, 1968.

KORSGAARD, C. 'Scepticism about Practical Reason.' *Journal of Philosophy* 83.1 (1986): 5-25.

KROPOTKIN, P. *Memoirs of a Revolutionist*. New York: Dover, 1971.（『ある革命家の思い出』上下、高杉一郎訳、平凡社ライブラリー、2011 年）

LAWRENCE, G. 'The Rationality of Morality.' In Hursthouse, Lawrence, and Quinn (eds.), *Virtues and Reasons* (q.v.), 89-147.

——'Reflection, Practice and Ethical Scepticism.' *Pacific Philosophical Quarterly* 74 (1993): 289-361.

LOCKE, JOHN. *An Essay concerning Human Understanding*, ed. P. H. Nidditch. Oxford: Clarendon Press, 1975.（『人間知性論』1-4、大槻春彦訳、岩波文庫、1972-77 年）

MACKIE, J. *Ethics: Inventing Right and Wrong*. Harmondsworth: Penguin, 1977.（『倫理学』加藤尚武監訳、哲書房、1990 年）

McDOWELL, J. 'Are Moral Requirements Hypothetical Imperatives?' *Proceedings of the Aristotelian Society* supp. vol. 52 (1978): 13-29.

——'Eudaimonism and Realism in Aristotle's Ethics.' In R. Heinaman (ed.), *Aristotle and Moral Realism* (q.v.), 201-18.

——'The Role of *Eudaimonia* in Aristotle's Ethics.' In A. Rorty (ed.), *Essays on Aristotle's Ethics* (q.v.), 359-76.

MACAULAY, THOMAS BABINGTON. *The History of England*. London: J. M. Dent, 1906.

MALCOLM, N. *Ludwig Wittgenstein: A Memoir*. Oxford: Oxford University Press, 1984.

MANN, T. *Nietzsche's Philosophy in the Light of Recent Events*. Washington, D. C.: Library of Congress, 1947.（「われわれの経験から見たニーチェの哲学」三城満禧訳、『トーマス・マン全集 9』所収、新潮社、1971 年）

MILL, JOHN STUART. *On Liberty*. Everyman's Library. London: J. M. Dent, 1920.（『自由論』「世界の名著 38」早坂忠訳、中央公論社、1967 年）

MILLIKAN, R. *Language, Thought, and Other Biological Categories*. Cambridge, Mass.: MIT Press, 1984.

——'Virtues and Vices.' In Foot, *Virtues and Vices*, 1-18.（翻訳進行中）

——*Virtues and Vices and Other Essays in Moral Philosophy*. Oxford: Blackwell, 1978.

GAUTHIER, D. *Morals by Agreement*. Oxford: Clarendon Press, 1986.（『合意による道徳』小林公訳、木鐸社、1999 年）

GEACH, P. 'Good and Evil.' *Analysis* 17（1956）: 35-42. Reprinted in Foot（ed.）, *Theories of Ethics*（q.v.）, 64-73.

——*The Virtues*. Cambridge: Cambridge University Press, 1977.

GIBBARD, A. *Wise Choices, Apt Feelings*. Cambridge, Mass.: Harvard University Press, 1990.

GIDE, A. *The Immoralist*, trans. D. Bussy. New York: A. A. Knopf, 1930.（『背徳の人』二宮正之訳、ちくま文庫、2008 年）

GLOVER, J. *Humanity*. London: Random House, 1999.

GOLLWITZER, H., KUHN, K., and SCHNEIDER, R.（eds.）. *Dying We Live*, trans. R. Kuhn. London: Harvill Press, 1956.

HARDY, T. *Tess of the D'Urbervilles*. World's Classics. Oxford: Oxford University Press, 1983.（『テス』上・下、井出弘之訳、ちくま文庫、2004 年）

HARE, R. M. *Freedom and Reason*. Oxford: Clarendon Press, 1963.（『自由と理性』山内友三郎訳、理想社、1982 年）

——*The Language of Morals*. Oxford: Clarendon Press, 1952.（『道徳の言語』小泉仰ほか訳、勁草書房、1982 年）

——*Moral Thinking*. Oxford: Clarendon Press, 1981.（『道徳的に考えること』内井惣七・山内友三郎監訳、勁草書房、1994 年）

——'Objective Prescriptions.' In A. P. Griffiths（ed.）, *Ethics*（Royal Institute of Philosophy Lectures, 1993）. Cambridge: Cambridge University Press, 1994. Reprinted in Hare, *Objective Prescriptions and Other Essays*. Oxford: Clarendon Press, 1999, 1-18.

——'Off on the Wrong Foot.' *Canadian Journal of Philosophy* supp. vol. 21. Reprinted as 'Philippa Foot on Subjectivism' in Hare, *Objective Prescriptions and Other Essays*. Oxford Clarendon Press, 1999, 87-95.

HEINAMAN, R.（ed.）. *Aristotle and Moral Realism*. London: UCL Press, 1995.

HUME, DAVID. *An Enquiry Concerning the Principles of Morals*, ed. L. A. Selby-Bigge. Oxford: Clarendon Press, 1936.（『道徳原理の研究』渡部峻明訳、晢書房、1993 年）

——*A Treatise of Human Nature*, ed. L. A. Selby-Bigge. Oxford: Clarendon Press, 1946.『人性論』1-4、大槻春彦訳、岩波文庫、1948-52 年）

HURSTHOUSE, R. *On Virtue Ethics*. Oxford: Oxford University Press, 1999.

CONRAD, JOSEPH. *The End of the Tether*. Everyman's Library. London: J. M. Dent, 1967.（『万策尽きて』社本雅信訳、リーベル出版、2006年）

DAVIDSON, D. 'How is Weakness of the Will Possible?' Reprinted in Davidson, *Essays on Actions and Events*. Oxford: Clarendon Press, 1980, 21-42.（「意志の弱さはいかにして可能か」『行為と出来事』所収、服部裕幸ほか訳、勁草書房、1990年）

DAWKINS, R. *The Extended Phenotype*. Oxford: Oxford University Press, 1982.（『延長された表現型』日高敏隆ほか訳、紀伊國屋書店、1987年）

DOSTOEVSKY, FEDOR. *The Brothers Karamazov*, trans. Edward Garnet. Everyman's Library. London: J. M. Dent, 1927.（『カラマーゾフの兄弟』1～5、亀山郁夫訳、光文社古典新訳文庫、2006-2007年）

——*Notes from the Underground*, in *Three Short Novels of Dostoevsky*, trans. Constance Garnet. New York: Doubleday, 1960.（『地下室の手記』安岡治子訳、光文社古典新訳文庫、2007年）

DWORKIN, R. 'Report from Hell.' *New York Review of Books*, 17 July 1986.

ELIOT, GEORGE. *Middlemarch*. World's Classics. Oxford: Oxford University Press, 1947.（『ミドルマーチ』「世界文学全集30」工藤好美ほか訳、講談社、1975年）

FOOT, P. 'Does Moral Subjectivism Rest on a Mistake?' *Oxford Journal of Legal Studies* 15.1 (1995): 1-14. Reprinted in Roger Teichmann (ed.), *Logic, Cause and Action* (Royal Institute of Philosophy Supplement 46), 107-23. Cambridge: Cambridge University Press, 2000.

——'Goodness and Choice.' *Proceedings of the Aristotelian Society* supp. vol. 35 (1961): 45-60. Reprinted in Foot, *Virtues and Vices*, 132-47.

——'Moral Beliefs.' *Proceedings of the Aristotelian Society* 59 (1958-9): 83-104. Reprinted in Foot, *Virtues and Vices*, 110-31.

——'Moral Dilemmas Revisited.' In W, Sinnott-Armstrong, D. Raffman, and N. Asher (eds.), *Modality, Morality and Belief: Essays in Honour of Ruth Marcus*. Cambridge: Cambridge University Press, 1995.

——'Morality as a System of Hypothetical Imperatives.' *Philosophical Review* 81.3 (1972): 305-16. Reprinted in Foot, *Virtues and Vices*, 157-73.

——'Nietzsche: The Revaluation of Values.' In R. Solomon (ed.), *Nietzsche: A Collection of Critical Essays* (q.v.), 156-68. この論文は Foot, Virtues and Vices にも収められており、翻訳進行中）

——'Nietzsche's Immoralism.' In R. Schacht (ed.), *Nietzsche, Genealogy, Morality* (q.v.), 3-14.

——'Reasons for Action and Desire,' *Proceedings of the Aristotelian Society* supp. vol. 46 (1972): 203-10. Reprinted in Foot, *Virtues and Vices*, 148-56.

——(ed.). *Theories of Ethics*. Oxford: Oxford University Press, 1967.

参考文献

ADAMS, R. 'Motive Utilitarianism.' *Journal of Philosophy* 73 (1978), 467-81.

AQUINAS, ST THOMAS. *Summa Theologica*, trans. Fathers of the English Dominican Province. New York: Benziger Brothers, 1947.（『神学大全』第 9 冊、高田三郎ほか訳、創文社、1996 年）

ANSCOMBE, G. E. M. *Collected Philosophical Papers*. Minneapolis: University of Minnesota Press, 1981.

——*Intention*. Oxford: Blackwell, 1957.（『インテンション』菅豊彦訳、産業図書、1984 年）

——'Modern Moral Philosophy.' *Philosophy* 35 (1958). Reprinted in Anscombe, *Collected Philosophical Papers*, iii. 26-42.

——'On Promising and its Justice.' *Critica* 3.7/8 (1969). Reprinted in Anscombe, *Collected Philosophical Papers*, iii. 10-21.

——'On the Source of the Authority of the State.' *Ratio* 20.1 (1978): 1-28. Reprinted in Anscombe, *Collected Philosophical Papers*, 130-55.

——'Practical Inference.' In R. Hursthouse, G. Lawrence, and W. Quinn (eds.), *Virtues and Reasons* (q.v.), 1-34.（「実践的推論」『自由と行為の哲学』所収、門脇俊介・野矢茂樹編・監修、早川正祐ほか訳、春秋社、2010 年）

——'Rules, Rights, and Promises.' *Midwest Studies in Philosophy* 3 (1978): 318-23. Reprinted in Anscombe, *Collected Philosophical Papers*, iii. 92-103.

——'The Two Kinds of Error in Action.' *Journal of Philosophy* 60 (1963). Reprinted in Anscombe, *Collected Philosophical Papers*, iii. 3-9.

ARISTOTLE. *Nicomachean Ethics*, trans. H. Rackham. Loeb Classical Library. Cambridge, Mass.: Harvard University Press, 1926.（アリストテレス『ニコマコス倫理学』「アリストテレス全集 13」加藤信朗訳、岩波書店、1973 年）

AYER, A. J. *Language, Truth and Logic*. London: Gollancz, 1936.（『言語・真理・論理』吉田夏彦訳、岩波書店、1955 年）

BENTHAM, JEREMY. *An Introduction to the Principles of Morals and Legislation*, ed. W. Harrison. Oxford: Blackwell, 1960.（『道徳および立法の諸原理序説』「世界の名著 49」山下重一訳、中央公論社、1979 年〔部分訳〕）

BLACKBURN, S. 'Wise Feelings, Apt Reading' (review of A. Gibbard, *Wise Choices, Apt Feelings*). *Ethics* 102 (1992): 342-56.

——*Oxford Dictionary of Philosophy*. Oxford: Oxford University Press, 1994.

CLARK, M. 'Nietzsche's Immoralism and the Concept of Morality.' In R. Schacht (ed.), *Nietzsche Genealogy Morality* (q.v.), 15-34.

た 行

な 行

は 行

ま 行

や 行

ら 行

バーリン，I.　Berlin, I.　151, 181
ピット，W.　Pitt, W.　181
ヒトラー，A.　Hitler, A.　145, 170, 174, 182, 194, 210, 214
ヒューム，D.　Hume, D.　18, 24-27, 38-41, 45-47, 49, 50, 52-54, 56, 120, 180, 193, 200
ブラックバーン，S.　Blackburn, S.　18, 52, 76
プラトン　Plato　55, 132, 186, 189, 191, 198, 213, 214
プリチャード，H. A.　Prichard, H. A.　186, 213
フロイト，S.　Freud, S.　197, 209
ヘア，R.　Hare, R.　18-20, 22, 44, 52, 54
ベンサム，J.　Bentham, J.　22, 52

マ 行

マクダウェル，J.　McDowell, J.　46, 47, 54, 179, 180, 184
マクラーイ，M.　Maklay, M.　94, 95, 97, 98, 119, 123, 129, 146
マッキー，J.　Mackie, J.　18
マン，T.　Mann, T.　210, 215
ミリカン，R.　Millikan, R.　100
ミル，J. S.　Mill, J. S.　132, 137-139, 141, 142, 146, 147, 150
ムーア，G. E.　Moore, G. E.　12, 13, 16, 18, 19, 52, 215
メンゲレ，J.　Mengele, J.　210, 216

ラ 行

ラ・フォンテーヌ　La Fontaine, Jean de　73, 78
ローレンス，G.　Lawrence, G.　77, 126, 150, 183, 184
ロック，J.　Locke, J.　108, 126

ワ 行

ワーグナー，G.　Wagner, G.　169
ワトソン，G.　Watson, G.　105, 116, 122, 123, 125

事項索引

あ 行

アリストテレス的必然性　35, 38, 39, 91-93, 212
アリストテレス的カテゴリー文　62-66, 68-70, 73, 92
生き物にとっての善　84, 172, 174

か 行

仮言命法　49, 117
帰結主義（一者）　96, 97, 99
帰属的形容詞　13
機能　67, 68, 76, 77, 82, 83, 100, 205
希望　145, 149, 152
義務　98, 99, 131-133, 139, 140, 148, 149, 191
幸福　22, 86, 87, 102, 154-158, 160-173, 175, 177-180, 184, 189, 200, 201
拷問　97, 133, 134, 147, 152, 184, 212

さ 行

自己利益　26, 27, 29, 31, 39, 40, 121, 135
慈善　25, 27, 30-32, 43, 72, 131, 146, 147, 198-201
自然主義　17
自然的な善さ　15, 58-60, 73, 74, 78, 84, 93, 96-98, 103, 111, 123, 171, 199, 202
実践的合理性　25, 27-29, 31-34, 36, 38-41, 45, 111, 115-118, 120-122, 127, 130, 154
自発性　134, 137, 151, 199
（生物一）種　17, 35-37, 40, 51, 53, 57, 58, 60-73, 75-77, 79, 82, 84, 85, 91, 102, 128, 151, 171-173, 184, 202, 203, 212, 213

人名索引

ア 行

アイヒマン，A.　Eichmann, A　210, 216
アクィナス，T.　Aquinas, St. Thomas　106, 107, 110, 125, 140, 141, 143, 144, 147, 151, 152
アダムス，R.　Adams, R.　101
アリストテレス　Aristotle　53, 106, 125, 127, 132, 141, 147, 151, 163, 178, 179, 181, 183, 193, 196, 214
アンスコム，G. E. M.　Anscombe, G. E. M.　31, 35, 39, 51, 53, 61, 76, 90–92, 96, 98, 99, 101, 123, 130, 136, 144, 147, 150, 152, 183
ウィギンズ，D.　Wiggins, D.　52, 54, 180
ウィトゲンシュタイン，L.　Wittgenstein, L.　11, 12, 14, 16, 86, 108, 125, 161, 166, 169, 170, 173, 178, 181–183, 215, 218
ウィリアムズ，B.　Williams, B.　148, 152, 196, 214
エア，A. J.　Ayer, A. J.　18, 19
エリオット，G.　Eliot, G.　167, 168, 182

カ 行

カウフマン，W.　Kaufmann, W.　215
カント，I.　Kant, I.　34, 49, 101, 116, 118, 134, 151, 195, 216
ギーチ，P.　Geach, P.　13, 14, 72, 77, 89
ギッバード，A.　Gibbard, A.　18, 33, 39, 42, 53
クイン，W.　Quinn, W.　27, 38, 120–122, 127
クープ，C.　Coope, C.　54
クラーク，M.　Clark, M.　214
クリーヴランド，G.　Cleveland, G.　182
グローヴァー，J.　Glover, J.　215
クロポトキン，P.　Kropotkin, P.　94, 95, 101, 119
コースガード，C.　Korsgaard, C.　127
ゴティエ，D.　Gauthier, D.　25, 27, 53, 100
コンラッド，J.　Conrad, J.　192, 214

サ 行

ジイド，A.　Gide, A.　43
シュターン，J.　Stern, J.　194, 214
ショーペンハウアー，A.　Schopenhauer, A.　195
ジョーンズ，J.　Jones, J.　126
スターリン，J.　Stalin, J.　145, 174, 210
スタイン，G.　Stein, G.　167, 182
スティーヴンソン，C. L.　Stevenson, C. L.　18
スミス，M.　Smith, M.　47, 48, 54
セン，A.　Sen, A.　101
ソロモン，R.　Solomon, R.　199

タ 行

チャールズ二世　Charles II　101
デイヴィドソン，D.　Davidson, D.　112, 113, 126
テューレック，J.　Taurek, J.　149, 152
ドゥオーキン，R.　Dworkin, R.　152
ドーキンス，R.　Dawkins, R.　76
ドストエフスキー，F.　Dostoevsky, F.　117, 142, 197
トンプソン，M.　Thompson, M.　53, 60–62, 64–68, 75–77, 83, 91, 92, 96

ナ 行

ニーチェ，F.　Nietzsche, F.　43, 44, 186, 187, 194–216
ニジンスキー，R.　Nijinsky, R.　181
ネーゲル，T.　Nagel, T.　126, 127

ハ 行

ハーストハウス，R.　Hursthouse, R.　53, 54
ハーディ，T.　Hardy, T.　42
パーフィット，D.　Parfit, D.　100

著 者

フィリッパ・フット（Philippa Foot）

1920–2010 年。イギリス生まれ。カリフォルニア大学ロサンゼルス校教授、オックスフォード大学研究員などを歴任。J. マクダウェル、G.E.M. アンスコム、Ch. コースガード、S. ブラックバーンなどとならび、西洋倫理学の世界に多大な影響を及ぼした哲学者。また、現在世界約 90 カ国以上で貧困問題にとりくむ Oxfam の創設時からのメンバーでもある。他の著書に、*Virtues and Vices* や *Moral Dilemmas*（ともに Oxford University Press）など。

監訳者

高橋久一郎（たかはし・きゅういちろう）　　まえがき、第 1 章、あとがき

1953 年生まれ。千葉大学文学部教授。専門は哲学・倫理学。東京大学大学院人文科学研究科博士課程単位取得退学。著書に『応用倫理学の転換』（共編著、ナカニシヤ出版、2000 年）、『岩波応用倫理学講義 7 問い』（編著、岩波書店、2004 年）、『アリストテレス』（NHK 出版、2005 年）、翻訳にマイケル・E・ブラットマン『意図と行為』（産業図書、1994 年）、ジョン・パスモア『分析哲学を知るための哲学の小さな学校』（ちくま学芸文庫、2013 年）など。

訳 者

河田健太郎（かわだ・けんたろう）　　第 2 章、第 3 章

1971 年生まれ。武蔵野大学教養教育リサーチセンター客員研究員。東京都立大学人文科学研究科哲学専攻単位取得退学。論文「自己立法へのふたつのアプローチ」（『「倫理」における「主体」の問題』、御茶の水書房、2013 年）など、翻訳にジョン・マクダウェル『心と世界』（共訳、勁草書房、2012 年）。

立花幸司（たちばな・こうじ）　　第 4 章、第 5 章

1979 年生まれ。熊本大学文学部准教授、東京大学大学院医学系研究科医療倫理学分野業務協力者。東京大学大学院総合文化研究科広域科学専攻相関基礎科学系修了、博士（学術）。論文に "How Aristotle's Theory of Education Has Been Studied in Our Century"（*Studia Classica*, 2012）など、翻訳にドナルド・デイヴィドソン『真理・言語・歴史』（共訳、春秋社、2010 年）など。

壁谷彰慶（かべや・あきよし）　　第 6 章、第 7 章

1976 年生まれ。千葉大学人文社会科学研究科特別研究員、敬愛大学・芝浦工業大学・千葉大学非常勤講師。千葉大学社会文化科学研究科修了、博士（文学）。著書に『英語で読む哲学』（共著、研究社、2013 年）、翻訳にバリー・ストラウド『君はいま夢を見ていないとどうして言えるのか』（共訳、春秋社、2006 年）。

人間《にんげん》にとって善《ぜん》とは何《なに》か——徳倫理《とくりんり》学入門《がくにゅうもん》

二〇一四年四月一〇日　初版第一刷発行
二〇一六年六月　五　日　初版第三刷発行

著　者　フィリッパ・フット
監訳者　高橋久一郎《たかはしきゅういちろう》
訳　者　河田《かわだ》健太《けんた》郎《ろう》　立花幸司《たちばなこうじ》　壁谷《かべや》彰慶《あきよし》
装　幀　水戸部功
発行者　山野浩一
発行所　株式会社筑摩書房
東京都台東区蔵前二―五―三　〒一一一―八七五五
振替〇〇一六〇―八―四一二三
印　刷　株式会社精興社
製　本　牧製本印刷株式会社

ISBN978-4-480-84302-9　C0012

筑摩書房サービスセンター　電話番号〇四八―六五一―〇〇五三
さいたま市北区櫛引町二―六〇四　〒三三一―八五〇七